'어른아이'를 만드는 사회

'어른아이'를 만드는 사회

초판 1쇄 인쇄 2024년 6월 25일 초판 1쇄 발행 2024년 6월 28일

글쓴이 문미희 외 펴낸이 현병호 편집 장희숙 펴낸곳 도서출판 민들레

출판등록 1998년 8월 28일 제10-1632호 주소 서울시 성북구 동소문로 47-15

전화 02) 322-1603 이메일 mindlebook@gmail.com 홈페이지 www.mindle.org

ISBN 979-11-91621-15-0 (03370)

아이들의 성장을 돕는 어른의 역할은 무엇일까 ──

편집실 엮음

'어른아이'를 만드는 사회

어른아이가 늘고 있는 시대. 아이가 아이답게 자라 어른다운 어른이 되려면
그 곁의 어른들은 어떤 역할을 해야 할지 다시 생각해본다.

민들레

끝나지 않는 육아의 블랙홀에서 벗어나는 길

인간은 성장기가 긴 동물입니다. 성장기가 길면 생존 확률이 떨어지는데도 어른이 되기까지 오랜 시간이 걸리는 이유는 긴 수명 탓도 있지만, 독립된 성체가 되기 위해 터득하고 익혀야 할 것들이 많아서일 것입니다. 성장기가 길다는 것은 다음 세대에 지식을 전할 기회가 늘어난다는 뜻이기도 하지요. 먼저 터득한 삶의 기술과 지식을 전달하는 것이 자라나는 아이들 곁에 있는 어른의 역할일 테고요.

사람뿐 아니라 모든 동물에게는 '와일드후드wildhood'라 부르는 성장의 시기가 있다고 합니다. 위험을 무릅쓰며 '비상식적인' 행동을 일삼는 이 시기는 대체로 청소년기와 겹치는데, 살아가는 데 꼭 필요한 네 가지 기술을 익히는 기간이라고 합니다. 안전 확보, 사회적 지위 협상, 성적 욕구 제어 그리고 자립, 이 네 가지 기술을 익히는 데 무엇보다 중요한 것은 '혼자서 해보기'입니다. 성장기의 야생동물은 '혼자서 해보기'를 시도하다 목숨을 잃는 경우도 많지만, 그래도 두려워하지 않고 본능적으로 홀로서기에 도전합니다.

문명 속에 살아가는 인간의 성장기는 다른 동물들과 상당히 달라지고 있는 것 같습니다. 최근 (어른이 되어서도 아이 같은) '어른아이'가 늘고 있다 하지요. 부모가 이삼십대 자녀의 삶에 개입하는 사례를 흔히 봅니다. 최근에는 '학부모'를 넘어 '군부모'라는 신조어도 생겨났지요. 입대한 아들이 소속된 부대의 대대장에게 전화해서는 보직을 바꿔 달라거나, 체력이 약하니 힘든 훈련에서 빼달라고 요청하는 부모들이 늘어나면서 만들어진 용어입니다. 자녀의 직장생활에 관여하는 부모도 흔하니, 머지않아 '직부모'도 생겨나지 않을까요.

스무 살이 넘어도 '아이' 취급 받는 시대이지만 『50이면 육아가 끝날 줄 알았다』 같은 책이 널리 읽히는 걸 보면, 자녀를 독립시키지 못한 부모들의 삶도 녹록지는 않은 듯합니다. 다 큰 자식의 뒤치다꺼리를 하지 않을 수 없는 현실 속에서 실은 그들도 자녀의 '독립'을 간절히 바라고 있을 테지요. 부모의 보호 안에 있으면서 그 그늘을 벗어나지 못하는 자신이 못마땅한 자녀들도 마찬가지일 테고요. 결국엔 부모와 자식, 누구도 원치 않는 삶을 살고 있는 셈입니다. '요즘 애들이 점점 어려지고 나약해진다'며 걱정을 앞세우기 전에, 이들이 '와일드후드' 시기를 잘 보내는 데 무엇이 필요할지 다시 점검해보면 좋겠습니다.

그간 교육지《민들레》에 실렸던 '아이들의 성장'에 관한 이야기를 선집으로 엮어냅니다. 아이의 독립을 돕는 어른의 성장에 관한 이야기이기도 합니다. 어른이란 어떤 존재일까요? 100세 시대에 '스무 살이면 성인'이라는 기준은 더 이상 유효하지 않은 듯하고, 비혼·비출산이 느는 사회에서 '결혼해서 아이 낳으면 어른'이란 기준도 맞지 않는 듯합니다. 아이가 아이답게 자라서 어른다운 어른이 되려면 그 곁의 어른들은 어떤 역할을 해야 할지 성찰의 물꼬를 트는 책이 되면 좋겠습니다.

2024년 6월

장희숙

차 례

2

1부
아이들의 성장을 방해하는 사회

지나치게 친절한 부모들

뭐가 그리 미안할까

"아이고 우리 아가, 많이 기다렸지? 엄마가 미안해, 미안해!"

수영장 탈의실에서 옷을 갈아입다 우연히 목격했다. 다섯 살쯤 되어 보이는 딸에게 잠시 기다리라 하고 코앞에 있는 화장실을 다녀온 엄마가 미안하다며 한참 사과를 하고 있었다. 같이 있던 고등학생 딸이 이해할 수 없다는 얼굴로 물었다.

"저 엄마는 딸한테 뭐가 그리 미안할까? 그냥 잠깐 기다린 거

문미희 _ 초등교사이자 두 딸의 엄마. 아이 기르고 가르치는 방법을 고민하고 아이들과 함께 성장하기 위해 공부하면서 틈틈이 글도 쓴다.

잖아."

나 역시 '너무도 열심히' 사과하는 아이 엄마를 이해할 수 없었지만, 딸의 질문에 마음 한구석이 찔려왔다. 정은 많지만 표현이 투박한, 친절함과 거리가 먼 엄마에게 익숙해져 있어 친절한 모습이 어색한 것일까 하고.

그럼에도 요즘 부모들이 아이에게 과하게 친절하다는 생각을 지울 수 없다. 복잡한 마트에서 뛰는 아이에게 "뛰지 마!"라고 단호하게 말하기보다 "뛰다가 넘어지면 다칠 수 있어. 다른 사람하고도 부딪칠 수 있겠지. 그러니까 뛰지 않아야겠지?"라고 길게 설명하는 부모를 흔히 본다. 아이가 아랑곳하지 않고 또 뛰면 그다음은 나긋나긋한 목소리로 "뛰지 않아요" 한다. 아마도 '뛰지 마!'라는 표현이 지시형 명령조라 아이들에게 좋지 않다는 판단으로 선택한 말투겠지만 뭔가 불편하다.

독이 되는 지나친 친절

내가 어렸을 때만 해도 아이에게 다정하거나 친절한 어른이 별로 없었다. 어른이 말하면 바로 움직여야 한다고 배웠고, 어른 말씀에 토 달거나 이유를 묻는 것은 버릇없는 행동으로 치부되었다. 옳고 그름을 떠나 '어른 말을 들으면 자다가도 떡이 생긴다'를 진리처럼 생각해야 했다.

양육 방법이 오늘날처럼 변한 데는 여러 가지 사회적 배경과 이유가 있을 것이다. 어렸을 때 존중받지 못한 보상 심리인가, 아니면 요즘의 육아 트렌드인가. 아무튼 요즘 부모들은 아이에게 다정하다 못해 친절해야 한다는 강박을 가지고 있는 것 같다. 한동안 아이의 감정을 공감하고 존중해야 한다는 육아서가 유행하면서 부모는 아이의 감정을 먼저 생각하고 말해야 하며 좋은 말 혹은 칭찬으로 이끌어야 한다고 믿는다. 그래서 교사에게도 "우리 아이는 칭찬해주면 잘해요. 칭찬 좀 많이 해주세요" 하고 부탁하는 학부모들이 늘고 있다.

물론 칭찬은 어떤 행동의 동기가 된다. 그러나 과한 친절과 칭찬 속에 자란 아이는 당연히 해야 하는 일조차 당연하게 여기지 않는다. 간혹 급식실에서 식판에 놓인 반찬을 다 먹고 자랑스럽게 나를 바라보는 아이들이 있다. 자기 물건을 정리한 후에도, 복도에서 조용히 걸으면서도 흘끔흘끔 본다. 해야 할 일을 한 것이 아니라 교사를 위해 하는 일로 인지하여 칭찬을 원하는 것이다. 어떤 일을 행동으로 옮기기 전에 빤히 쳐다보며 교사의 친절한 설명을 기다리기도 한다.

하지만 공공장소에서 작은 소리로 이야기하기, 뛰지 않기 같은 기본 질서나 다른 사람이 기다리지 않게 약속 시간을 지키기 등등 함께 살아가는 데 필요한 행동 양식을 일일이 '납득할 때까지' 설명할 수는 없다. 인내심이 쥐똥만 한 나는 설명을 기다리는 아이, 당연한 행동을 칭찬받기 원하는 아이에게 결국 한마디 툭 내뱉는다.

"그건 당연히 해야 하는 일이야. 그냥 하다 보면 왜 그렇게 해야 하는지 알게 돼."

'덜 친절함' 속에 깃든 기다림

평소 학교에서도 집에서도 나는 지켜야 하는 기본 규칙이나 질서에 대해선 긴 설명 없이 간결하게 지시형으로 말한다. 어떤 행동은 너무 당연해서 설명할 필요를 느끼지 못하기도 하고 아이 스스로 몸으로 하다 보면 어느 순간 이유를 깨닫지 않을까 싶기 때문이다. 자칫 불친절함으로 비칠 수 있는 '단호함과 권위'는 아이가 함께 살기 위해 필요한 규범을 지킬 수 있게 돕는다. 단순한 지시 속에는 단호함이 들어 있기에, 선택사항이 아니라 필수사항으로 반드시 지켜야 한다는 마음을 심어준다.

기본적인 규범을 몸으로 익힌 아이에게 이유를 설명하기보다 도리어 물어야 한다. 특히 '왜?'라는 질문이 폭발적으로 쏟아질 때, "너는 이유가 뭐라고 생각하는데?" "왜 친구를 때리면 안 될까?"라고 되물으며 아이가 스스로 생각할 기회를 주어야 한다. 불친절함은 때론 아이의 호기심을 건드리고, 왜 그래야 하는지 궁금하게 여겨 스스로 답을 찾게 만든다. 아이는 천천히 자기만의 답을 찾아가면서 습관을 내면화하게 된다. 결국 습관에 대한 이유를 굳이 말해주지 않고 스스로 깨닫길 기다림으로써 아이가 성장할 수 있게 돕는 것이다.

반면 길고 자세한 설명은, 이유를 댈 수 있으면 당연한 것마저도 지키지 않아도 괜찮다는 여지를 준다. 그래서인지 몰라도 그런 아이들은 질서를 안 지키면서 변명부터 한다. 아이 대신 변명을 하는 부모도 흔히 볼 수 있다. 다른 사람의 불편함을 고려하여 버스나 영화관에서 계속 앞좌석을 발로 차는 아이를 제지하지 않고 "우리 애가 아직 어려서 그렇다"고 한다. 아이가 이해하지 못하기 때문에 행동을 제지하지 않겠다는 논리를 수긍하기도 어렵지만, 부모의 그 해명이 아이가 말을 듣지 않는 데 좋은 변명거리가 되어준다는 생각을 떨칠 수 없다.

친절한 설명 대신 지시형으로 말하는 나를 어떤 사람들은 '아이를 존중하지 않는 권위적인 사람'이라고 할지 모르겠다. 따로 해명하지 않아도 아이들은 안다. 어떤 대목에서 의무와 책임을 강조하는지, 그 일을 왜 그냥 해야 한다고 엄하게 말하는지를. 그리고 존중하지 않아서가 아니라 서로 존중하고 존중받기 위해 필요한 것이 습관이고 태도라는 것도. 그래서 함께 지내는 시간이 조금 쌓이면 크게 잔소리하지 않아도 서로에게 피해주지 않기 위해 노력한다. 이를 바탕으로 만들어진 생활 태도, 즉 하고 싶은 말이 있어도 다른 사람이 발표하는 중에 끼어들지 않는 것, 예의를 갖추어 자기 감정을 표현하고 의견을 피력하는 것, 자기 주변을 청소하면서 다른 사람의 자리까지 정리해주는 것 같은 예의와 배려는 사소해 보이지만 학급에서 서로 존중하면서도 각자의 권리를 누리는 데 중요한 역할을 한다.

홀로 서기 위해

친절한 말투만큼이나 다정하게, 아이의 자잘한 일을 대신 해주는 부모가 많다. 단추 잠그기, 지퍼 올리기, 심지어 과자봉지 뜯기까지. 부모가 대신 해줌으로써 아이는 자연스러운 배움의 기회, 소근육 발달의 기회를 잃는다. 결국 많은 이야기와 친절한 설명으로 머리는 자라는데 몸이 자라지 못하는 불균형한 상태가 된다.

그래서 나는 교실에서 아이가 점퍼 지퍼를 올려달라고 하거나 사탕을 내밀며 까달라고 할 때, 교과서를 가져오지 않아 울고 있을 때, 바로 도와주지 않는다. 먼저 직접 해보라고 하거나 울지 말고 필요한 것을 정확하게 요청하라고 한다. 처음에는 어렵지만 자꾸 해보면 할 수 있다고 강조한다. 스스로 할 수 있는 힘을 길러야 하니까 시간이 걸려도 약간의 도움만 줄 뿐, 끝끝내 혼자 하게 기다려준다. 비록 그냥 해주는 것보다 시간은 많이 걸려도 혼자 해냈을 때의 성취감을 얻게한다. 이 과정에서 아이들은 조금씩 홀로 설 힘을 기를 것이다. 어른이 아이를 믿어줄 때서야 비로소 홀로 설 힘이 생긴다.

　부모로부터 건강하게 독립하는 것은 중요하다고 생각하기에 나는 두 딸이 어렸을 때부터 많은 부분을 스스로 하게 했다. 초등학교에 입학하면서부터는 자기 가방을 직접 드는 것을 기본으로, 준비물 챙기는 것이나 입을 옷을 정하는 것도 혼자 하게 두었다. 딸들이 열 살 정도 되었을 때부턴 엄마 없어도 밥은 해 먹을 줄 알아야 한다며 가스 불로 밥하는 것을 가르쳤다. 달걀프라이를 하고 라면 끓이는 것도 직접 하게 했다. 아이들은 실수하고 실패하는 속에서도 배우고 또 도전했다. 사소한 일부터 시작해 점점 스스로 하는 일을 늘려갔다. 부모를 의지하면서도 자신의 삶에 대한 책임감을 갖는 것을 보았다. 두 아이와 많은 이야기를 나누고 함께 고민하지만 결정은 각자의 몫으로 두고 존중하고자 노력한다.

　그런데 어느날 모순적인 나를 발견하게 되었다. 청소년기에 접어든 두 딸이 어느 순간부터 부모로부터 독립하고 있는 모습이 마냥 기쁘지만은 않았던 것이다. 일상의 중심이었던 아이들이 곁에서 멀어져가자 허무하고 허전했다. 아이들의 독립을 간절히 바라왔으면서도 아이들이 빠져나간 빈자리에 내 삶이 흔들리는 것을 느꼈다.

　어쩌면 요즘 부모들이 과하게 친절한 이유를 거기서 찾을 수 있지 않을까. 아이가 독립하지 못하는 것이 아니라 부모가 아이의 삶에 밀착한 채 자기 삶의 의미를 찾고 있는 것은 아닐까. 혼자 할 수 있는데도 과잉 친절을 베푸는 것은 아이와 가까운 거리를 유지하고 싶은 부모의 마음 때문인지도 모른다. 아이가 성장하길 응원하면서도 막상 부모가 아이로부터 독립하지 못하고 있는 것이다.

지나친 친절함이 되려 아이의 성장을 방해하고, 지나친 다정함이 아이가 세상으로 나가는 것을 두렵게 느끼게 할 수도 있음을 떠올리며, 아이에게 친절하고 다정해야 한다는 강박에서 벗어나야 한다. 아이를 중심으로, 아이를 위한 삶을 살기보다 아이와 함께 살면서 자기만의 삶을 추구하면 좋겠다. 무엇보다 아이가 더불어 살기 위한 규범을 익히고 스스로 그 규범에 의문을 가지며 사회의 한 구성원으로 성장할 수 있도록, 조금 덜 친절해도 괜찮지 않을까.

(vol. 148, 2023. 7-8)

아이의 독립, 부모의 독립

"우리 애는 아직 아무것도 못해요."

중등 과정 아이들과 장기 도보여행을 떠났을 때의 일이다. 비행기에서 내려 수하물 컨베이어 벨트 앞에서 짐을 찾아 내리는데 한 학생이 자기 캐리어를 들어올리지 못해 끙끙대고 있었다. 이민 가방 버금가는 크기였다. 알고 보니 부모님이 짐을 싸준 것은 물론이고 자가용으로 실어 나른 뒤 공항에서 수속 절차까지 대신 밟아 짐을 부쳐준 것이었다. 그 학생은 도착지에서 짐을 찾

홍정인 _ 대안학교 교사. 에세이집 『페르소나, 글이 되다』, 『하루의 마지막에는 글을 쓰기로 했어』를 함께 썼다.

을 때까지 자기 가방에 손을 댄 적이 없었다. 자기 짐의 무게를 모른 채 비행기를 탄 것이다.

각자 짐을 들고 오래 걸어야 하는 여행에서 계속 다른 사람의 도움을 받을 수는 없는 노릇이었다. 결국 물건을 덜어내 집으로 택배를 부치도록 했다. 그 후로 여행을 떠나기 전에 아이들과 부모님에게 항상 당부하는 것이 생겼다. '짐을 꾸리는 일부터 아이 스스로 하라'는 것이다. 자기 힘으로 감당할 수 있을 정도의 짐을 꾸리도록 안내문에 자세히 적는다. 아이들에게는 역도 선수처럼 팔을 쭉 뻗어 가방을 머리 위로 들어올리는 모습도 보여준다. 버스나 비행기를 탔을 때 가방을 머리 위 짐칸에 스스로 올리고 내릴 수 있도록 하기 위해서다.

아이의 여행 짐을 부모가 싸서 대신 부쳐준 것은 특별한 사례일까? 비슷한 일들이 생각보다 흔하다. 아이들이 여행지에서 집으로 전화해 "엄마! 그거 어디 넣었어?" 하고 묻는 모습을 자주 본다. 하룻밤 자고 나면 자기 가방을 잠그지 못해 끙끙거리는 아이들도 있다. 전날 부모님이 해준 대로 물건들을 차곡차곡 재배치하지 못하기 때문이다. 어린애들이 아니고 중학생, 고등학생인데도 많이들 그런다.

아이 연령과 관계없이 학부모들이 자주 하는 말이 있다. "우리 애는 아직 아무것도 못해요." 다만 아이 연령에 따라 그 말의 의미가 조금은 다르다. 초등학생 경우는 '혼자 하기는 아직 어리고 어려움이 있어서 챙겨줘야 해요'의 의미일 것이다. 하지만 고등학생 자녀의 부모님 말은 조금 다른 뉘앙스다. '다 커서도 제 앞가림 못하고 하나하나 다 챙겨줘야 하니 한숨이 절로 나와요'에 가깝다. 전자의 아이들이 후자의 아이들 모습이 될 소지가 높다고 본다.

백발 성성한 노모가 주름이 자글자글한 자녀를 '아기'라 부르며 챙기는 모습을 TV에서 보면 부모의 애틋한 마음이 느껴져 뭉클할 때가 있다. 하지만 현실에서 부모의 키를 훌쩍 넘어 콧수염이 거뭇한 아들을 두고 "우리 아기는 아직 어려서…" 하고 운을 떼는 학부모를 만나면 좀 민망하다. 물건을 대신 챙겨주고, 위험해 보이는 일을 대신 해주고, 아직 모를 것으로 생각해 하나하나 알려주고, 때로는 아이의 생각을 대변하기도 한다. 같이 상담을 할 때면 학생에게 던진 질문에 부모가 대신 대답하는 일은 매우 흔하다. 여전히 아기처럼 보는 것이다.

아이는 이런 상황을 어떻게 느낄까. 언제나 대책이 마련되어 있고 문제를 알아채기도 전에 다 해결되어 있는 상황. 굳이 신경 쓸 필요가 없고 애써 무언가를 할 필요가 없다. 고민하지 않아도 무난하게 이어지는 하루, 이것이 안심할 일일까.

스스로 해보지 못한 아이들이 나이를 먹는다고 갑자기 자기 일을 알아서 척척 할 리가 없다. 늘 부모가 대신 해주는 데 익숙해진 아이들이 커서도 제 앞가림 못하는 사람이 되는 것은 당연하지 않을까. 가방에 무엇이 들었는지, 자기 짐이 얼마나 무거운지도 모르는 자의 여행은 쉽지 않을 것이다. 자기 삶의 여행을 주도적으로 할 수 없다. 아이의 짐에 부모가 관여하지 않는 것은 무관심하게 내버려두는 것과 다르다. 자라면서 자기 삶의 짐을 스스로 감당하는 연습은 꼭 필요하다. 부모가 없을 때 별것 아닌 돌부리에 걸려 어이없이 주저앉지 않도록 하기 위해서다.

아이와 분리되지 못한 부모의 불안

한번은 학교에서 여행을 떠나기 전, 한 학부모가 아이가 허약해 산을 오르지 못할 것 같으니 일정을 수정해 달라고 전화를 걸어왔다. 평소 축구부 활동을 하며 잘만 뛰어노는 아이였다. 여행을 기대하며 한껏 들떠 있는 아이와 다르게 부모는 여행 일정을 하나하나 짚어보며 걱정했다. 더러 이보다 더한 부모도 있다. 여행 같은 특별한 경우가 아니라 학교의 일상생활에서도 그렇다. 아침에 짜증 내며 아이를 깨우는 바람에 학교에서 아이가 안 좋은 기분으로 지낼까 봐, 준비물을 챙기지 못한 아이가 주눅 들어 있을까 봐, 몸살을 앓고 난 뒤라 기운이 없을까 봐 걱정하며 교사에게 연락을 한다. 아이는 학교에서 친구들과 잘 지내고 있는데 부모는 눈앞에 보이지 않는 아이가 늘 불안한 것이다.

요즘 아이들의 자립이 늦어지는 이유 중 하나는 부모가 아이와 자신을 동일시하기 때문이 아닐까 싶다. 아이가 겪는 상황을 부모 자신이 겪는 것처럼 받아들이고, 아이의 감정을 고스란히 대신하는 것이다. 그 중심에는 '불안'이라는 감정이 있다. 때로는 당사자인 자녀보다 더 큰 두려움과 불안으로 상황을 받아들이는 일도 많다.

영국 서머힐학교에도 딸을 걱정하며 계속 편지를 보내는 부모가 있었다고 한다. 딸이 먹어도 되는 음식과 안 되는 음식을 나열하고, 어떤 옷을 입혀야 하는지를 편지로 계속 알렸다. 서머힐의 설립자 닐은 이 사례를 들면서 불안에 빠진 부모가 자녀를 '문제거리'로 만든다고 꼬집었다. 걱정과 애정이라고 표현하지만 실은 부모 스스로 자녀를 부족하고 결점 있는 아이로 여기고 있다는 것이다. 그리고 그 불안이 자녀를 우울증 환자로 만들 수 있다며 걱정했다.[1]

부모의 이런 마음에는 죄책감이 깔려 있는 경우가 많다. 청소년기 자녀를 과잉 보호하는 부모들은 대체로 자녀의 영유아 시절을 끊임없이 회고한다. 청소년기 아이들에 대한 상담 내용은 무척 다양하다. 학습 문제, 교우 관계, 가족 관계, 진로 계획…. 하지만 부모와 이야기를 나누다 보면 문제의 원인은 먼 과거 어느 한 시점으로 수렴된다. 조산이라서, 배밀이와 뒤집기가 늦어

---

1 A. S. 닐, 『서머힐』, 손정수 옮김, 산수야, 2014, 401쪽.

서, 젖을 너무 오래 물려서, 다른 아이들보다 이가 늦게 나서, 출산 후 너무 빨리 직장에 복귀하는 바람에 부모로서 역할을 다하지 못해서…. 들어보면 지난 일들을 이십 년 가까이 곱씹어온 셈인데, 젖을 물리던 시절의 책임을 버리지 못한 부모와 곧 성인이 될 아이의 관계가 어떠할까 상상해보게 된다.

아이는 점차 부모와 분리되고 스스로 자기 일상을 꾸리며 궁극적으로는 독립해야 할 존재다. 그러나 부모의 죄책감과 불안은 오히려 부모 자신이 아이로부터 분리되지 못하게 만든다. 여기에 '우리 애는 내가 제일 잘 안다'는 생각이 더해지면 대화가 더욱 쉽지 않다. 우리는 원래 타인을 잘 모른다. 부모와 자식 간이라도 마찬가지다. 그런데 부모가 마치 당사자인 것처럼 아이의 경험이 어떤 의미를 가지는지 설명해버리고, 때로는 아이의 감정까지 단정 짓는다. 친구와의 관계나 적성, 진로마저 자신이 가장 잘 알고 있다고 여긴다. 이런 경우는 부모로서 책임을 다하고 있다는 믿음까지 있어서 설득하기가 쉽지 않다.

부모의 독립

거창고등학교 전성은 전 교장은 부모들이 어떻게 하면 자식을 잘 키울 수 있는지 질문하면 늘 비슷한 답변을 했다고 한다. "부모님 자신이 잘 살아야 합니다." 부모가 자기 삶도 제대로 살아내지 못하면서 자식 삶을 걱정하는 것은 모순이라고 말했다. 알 수 없는 타인의 삶을 위해 무엇을 할지 걱정하는 것, 그것은 '인간의 한계를 모르는 데서 비롯되는 것'이라고도 덧붙였다.[2]

자녀들보다 부모의 독립이 더 필요할 때가 있다. 아이가 부모에게 의존하는 것 이상으로 부모가 아이에게 매달려 있는 경우다. 자녀와 관련된 일이 부모 일상의 대부분을 차지하고 있다. 학습은 물론 학교생활과 친구 관계도 다 파악하고, 자녀가 휴대전화를 들고 있으면 무엇을 보고 듣는지 확인한다. 성인이 되어 자취 중인 한 졸업생은 끼니마다 무엇을 먹는지 확인하는 부모님의 전화를 매일 받는다고 했다. 이런 부모도 만약 누군가가 자신의 하루를 이렇게 검열한다면 아마 참기 어려울 것이다.

철학자 버트런드 러셀은 이런 양육 방식을 보이는 부모들에게 묻는다. "자녀의 의존을 통해 자기 존재감을 확인하고 있는 것은 아닌가." 아이가 자신에게 의존할 때 부모로서 자기 역할을 다하고 있다는 만족감을 느끼고 거기서 삶의 의미를 찾는 것은 아닌가 하는 것이다.[3] 닐은 이런 부모를 향해 '자식의 성장을 원치 않는 부모'라는 말까지 했다. 아이가 부모를 필요로 하는 것이 아니라 부모가 어린아이를 필요로 하고 있다는 것이다.

2 강현정·전성은, 『거창고 아이들의 직업을 찾는 위대한 질문』, 메디치미디어, 2015, 8쪽.
3 버트런드 러셀, 『행복의 정복』, 이순희 옮김, 사회평론, 2005, 218쪽.

부모가 자신의 삶을 사랑하고 스스로 자랑스럽게 여기는 모습은 그 자체로 교육적이다. 아이들은 가장 가까이에서 부모의 모습을 통해 자기 삶의 주인공이 되는 법을 배울 수 있다. 부모가 자신을 위해 공부하고, 새로운 것에 도전하고, 활기찬 삶을 사는 모습이 어떤 교육보다 더 가치 있는 가르침이 된다.

학부모 면담에서 자녀 이야기가 아니라 자신의 꿈 이야기를 들려주는 엄마를 만난 적이 있다. 오랫동안 관심 있었던 일을 시작하기 위해 작은 일부터 시도해보는 중이라고 했다. "아이는 자기 인생 잘 찾아갈 테니 저는 이제 제 꿈을 향해 나아가려고요." 왠지 모르게 뭉클했다. 자기 삶의 주인공이 되는 일은 부모에게도 중요하다.

부모의 삶을 지원하는 사회

아동권리보호단체인 세이브더칠드런이 '부모에게 가장 좋은 나라'를 조사한 결과 복지제도가 탄탄한 북유럽 국가들이 순위에 꼽혔다. 그 나라들은 공통으로 자녀교육에 부모의 재력이 미치는 영향이 적고 평등한 교육을 받는다. 학비가 무료이므로 아이들은 원하는 교육을 받을 수 있다. 저마다 자기 삶을 온전히 꾸릴 수 있도록 사회가 보장하니 가족들이 서로에게 지나치게 의존할 필요가 없고, 부모도 자기 꿈을 꾸는 것이 가능하다.

한편 한국 사회에서 부모의 독립은 어렵기만 하다. 시종일관 전전긍긍하는 부모를 보면 삶의 중심에 자녀가 놓일 수밖에 없는 현실이 보인다. 부모의 재력과 정보력이 큰 영향을 미치는 사회에서 육아와 자녀교육은 대부분의 부모에게 무거운 짐이다. 부모가 느끼는 책임감만큼이나 죄책감도 크다. 이런 상황은 부모와 자녀를 서로 의존하게 만든다. 이런 현실이 바뀌지 않고는 아이들의 자립도 부모의 삶도 보장되기 어렵다.

부모와 자녀가 각자 자기 삶의 주체로서 온전히 만날 때 교육의 의미도 살아난다. 모두의 삶이 존중되고 서로의 꿈을 응원할 수 있는 환경에서 아이도 건강하게 자랄 수 있다. 이를 위해서는 개인뿐만 아니라 사회적 노력 또한 절실히 필요하다. 교육제도나 교육과정을 바꾸기 전에 고민해야 할 우리의 과제다.

(vol. 148, 2023. 7-8)

캥거루족이 주머니를 박차고
나갈 수 없는 이유

결혼과 독립

2020년 봄은 나에게 여러모로 뒤숭숭했던 시기였다. 팬데믹이 시작되었고 사람들의 만남이 금지되는 분위기였다. 가을쯤이면 이 사태가 진정될 거라 믿었던 나는 당시 만나던 남자친구와 결혼 날짜를 잡고 예식장 가계약을 마쳤다. 그리고 일주일 뒤 그와 나는 돌연 갈라섰다. 예상치 못한 이별이었다.

나에게 하나의 사건으로 기록된 이 시기를 오랫동안 곱씹었다. 그때 나이 서른넷이었다. 기혼 친구들 수가 비혼 친구들을

양미영 _ 대학원에서 비교문학을 공부하고 있으며 『부모라는 낯선 타인』을 썼다.

막 넘어섰고 벌써 부모가 된 친구들도 있었다. 바로 지금이 때가 아닐까? '정상' 궤도에 진입해 나도 이제 혼인과 부모 되기라는 '숙제'를 끝마치는 것인가? 이런 평범한 기대 뒤편에 또 다른 비밀스러운 욕망이 숨어 있었다. 고백하자면, 어쩌면 그때 나는 결혼을 하고 싶었던 게 아니라 혹시 집을 나가고 싶었던 것은 아닐까 하는.

청년기본법에 따르면 청년은 19세 이상 34세 이하의 사람들을 말한다. 나라가 정한 기준에 의해 청년으로 불릴 수 있는 마지막 해였던 그때, 결혼은 '캥거루족'을 벗어날 절호의 기회였다. 나이는 먹을 만큼 먹었지만 정신적으로도 물질적으로도 독립하지 못한 채 부모 집에서 기식寄食하는 존재. 우리 사회에서는 이런 사람들을 '캥거루족'이라 부른다.

법률에서 정한 청년 나이를 훌쩍 넘긴 지금도 부모님은 여전히 나의 '비빌 언덕'이다. 이 나이 되도록 무상으로 숙식을 제공해주는 부모님이 있다는 건 어찌 보면 행운이다. 하지만 서른이 넘어가면서부터 이 언덕에서 주르륵 미끄러져 내려오고 싶다고 생각했다. 몸이 훌쩍 커버린 만큼, 자잘한 취향에서부터 생활 반경과 일상을 꾸리는 방식까지 부모님과 완전히 달라졌다. 온전한 고요와 자유를 느끼고 싶기도 했다. 언질도 없이 방문하는 부모님의 손님이 불편할 때가 있었고, 아빠가 베란다에서 피우는 담배 연기가 집 안으로 새어 들어오는 것도 못마땅했다. 엄마는 남동생의 외박에는 관대했지만, 딸인 내겐 그렇지 않았다. 가끔 혼자 1박 2일로 여행을 가면서도 엄마의 눈치를 보곤 했다. 하지만 어쩌랴. 얹혀사는 주제에 눈칫밥 좀 먹는다고 그게 대수랴.

이런 문제는 사실 사소하다. 나에게 집은 밖에서 상처받은 마음을 치유하는 따뜻한 공간이 아니라 오히려 밖에서 억누른 스트레스가 발산되는 장소였다. 밖에서라면 남들에게 절대 하지 않을 말과 행동을 아무렇게나 하며 서로에게 상처를 주었다. 서로가 '짜증받이'라도 되는 듯 말이다. 부모님의 갈등을 한 공간 안에서 겪어내야 하는 것도 큰 문제였다. 두 분 사이의 긴장은 한집에 사는 내게 너무나 쉽게 전염되었고 그때마다 평화롭던 내 일상에도 우중충한 먹구름이 드리웠다. 결혼해 분가한 여동생이 부러웠다. "나도 독립해서 살고 싶다"는 한탄에 몇몇 친구들이 내놓은 해답은 "얼른 결혼해!"였다. 결혼은 마찰없이 부모로부터 가장 매끄러운 방식으로 독립하는 최적의 방법인 것 같았다.

애초에 독립이 불가능한 세대

하지만 마땅한 명분도 없이 혼자 나가 살겠다는 나를 주변 사람들은 말렸다. 피치 못할 사정이 아니라면 그런 모험을 굳이 할 필요가 없다는 것이었다. 곰곰 따져보니 틀린 말이 아니다. 아마도 답답할 정도로 조그마한 원룸을 구해 다달이 월세를 내야 할 테고, 최소한의 살림살이도 새로 장만해야 할 것이다. 식비와 공과금, 생활비를 충당하고 각종 생활용품을 때마다 채워 넣어야 하며 일종의 품위유지비까지 고려한다면, 지금 운용할 수 있는 자금으로는 턱도 없는 일이다.

지난 3월 정부가 발표한 '2022년 청년 삶 실태조사' 결과를 보면 청년의 57.5%가 부모와 동거 중이었다. 그중 67.7%는 당장 독립할 계획이 없다고 답했다. 경제적 여건이 갖춰지지 않았기 때문이라는 응답이 가장 많았다. 하나 덧붙이면, "최근 1년 동안 번아웃 경험이 있었다"고 응답한 비율이 33.9%였고, 많은 사람이 진로 불안(37.6%)을 그 이유라고 꼽았다. 고용 불안, 주거 불안에 진로 불안까지. 모든 것이 불안한 상태에서 '독립'은 청년들에게 비현실적인 꿈이다.

재정적으로 불안한 건 미혼 청년만이 아니다. 신혼집 마련이나 혼수 장만을 오롯이 해내는 예비 부부들은 오히려 드물다. 아이가 생기면 상황은 더 어려워진다. 워킹맘이 된 친구는 시어머니와 평일 내내 동거 중이다. 아이를 맡길 곳이 마땅치 않아 도움을 받기로 한 것이다. 또 다른 친구의 어머니는 이렇게 말했단다. "결혼한 자식이어도 A/S는 해줘야지."

이런 주변의 이야기는 캥커루 주머니에 어린 캥거루가 있고, 또 그 어린 캥거루 주머니에 더 갓난쟁이 캥거루가 있는 캥거루 3대를 떠올리게 한다. 나이를 떠나 기혼자든 미혼자든 이 주머니를 박차고 나가는 것이 과연 가능한가? MZ 세대로 지칭되는 사람들만의 이야기가 아니다. 전 세대에 걸쳐 과연 한 인간의 '완전한 독립'이 가능한지 의문이다. 그럼에도 여전히 나는 내가 부끄럽다. 이 나이 먹도록 독립도 못한 나태한 인간이 아닌가? 믿는 구석이 있기에 도전하지 않는 것은 아닌가? 자신의 무능력을 이런저런 핑계로 합리화하고 있는 것은 아닌가?

물론 나라고 아예 처음부터 손을 놔버린 건 아니었다. 20대에 스타트업 잡지사의 마케터로, 이후 온라인 뉴스 기자로 일했다. 물론 그때도 부모님과 함께 살았지만, 적어도 내 밥벌이는 하고 있다는 감각이 있었다. 그런데 30대에 접어들어 대학원 공부를 시작하고 경제활동을 하지 않으면서 캥거루족으로 후퇴했다. 실은 올해 초, 지인의 추천으로 취업 기회가 있긴 했으나 결과는 좋지 않았다. 내 나이는 서른일곱이었고 인사 담당자는 "나이가 더 어린 사람에게 일을 배울 수 있겠느냐, 일이 손에 익으려면 2년 정도는 걸리는데 그러면 거의 마흔이지 않느냐" 같은 이야기를 했다. 추측건대, 나이가 많다는 게 불합격 사유라는 생각이 들었다.

우리나라는 특정 나이에 성취해야 할 통과 의례들이 존재하고, 그 나이 때의 생애 과업을 완수하지 못하면 부적격자가 된다. 나는 무언가 새로운 일을 시작하기에 이미 너무 늦은 나이가 되어버린 것이다. 평균 수명을 생각하면 절반도 채 살지 않았는데 뭔가를 시작해보기도 전에 벌써 너무 늦은 거다.

부모보다 가난한 세대의 출현

나는 독립을 원하면서도 한편 두려웠다. 그래서 쓰기 시작한 책이 『부모라는 낯선 타인』이다. 너무 다른 우리가 한집에 살면서 겪어온 감정의 실타래를 풀어보기로 한 것이다. 대학원 수업에서 국가별, 시대별로 가족의 형태가 바뀌어온 과정을 살펴보다가 "어머니 생애 인터뷰를 진행해보는 것도 좋은 방법"이라는 교수님의 조언을 흘려듣지 않고 실행에 옮긴 것이 시작이었다. 엄마는 "교복 입고 학교 가는 게 소원이었다"라든가, "너 중학교 다니던 나이에 나는 벌써 공장 나가서 돈을 벌었다" 같은 이야길 자주 했다. "옛날 생각하면 너는 너무 철딱서니가 없고 할 줄 아는 게 없다"는 것이 나에 대한 엄마의 평가였다.

썩 틀린 말씀은 아니었다. 당시 서른넷이었던 나는 엄마의 서른넷을 떠올려보았다. 여덟 살, 여섯 살 된 두 딸이 있고, 남편과 함께 빚을 내어 공장을 인수한 참이었다. 자영업자들이 으레 그러듯이 쉬는 날 없이 일했다. 그 와중에 아이들을 키우며 쪼들리는 살림을 꾸려야 했다. 그에 비하면 나는 너무나 가뿐한 상태였다. 집안일이야 거드는 수준이고, 헌신적인 돌봄을 요구하는 자식이나 남편도 없다. 대출을 갚으려고 이리 뛰고 저리 뛸 일도 없었다. 오래된 사진 속 그들은 나와 같은 청년의 얼굴이지만, 그들이 겪어온 세상은 나의 세상과 천양지차였다. 타임머신을 타고 돌아가 엄마, 아빠를 동갑내기 친구로 만난다면 어떨까? 너무 많은 걸 이룬 두 사람 앞에 나는 왠지 초라해질 것 같다. 그들은 어른이지만, 난 자라지 못한 '어른아이'나 마찬가지다.

그런 과정을 거치면서 부모님은 처음으로 엄마, 아빠가 아닌 한 여자와 남자로 다가왔다. 부모에게 사랑받고 또 상처받으며 자랐을 누군가의 딸과 아들인 두 사람은 나와 전혀 다른 시대를 살아왔다. 10대 후반에 무작정 서울로 올라와 생업 전선에 뛰어들었던 그들의 이야기는 아무리 들어도 내가 상상할 수 있는 범위를 초월한다. 그들이 겪은 고난의 폭과 깊이를 나는 가늠조차 하지 못한다.

그렇다고 해서 내 또래의 삶이 그저 좋기만 한가. 그렇지 않다. "단군 이래 최고 스펙"이라는 말을 듣는 세대지만, 일할 곳이 없다. 대학을 졸업하자마자 '아무 데서도 날 필요로 하지 않는다'는 그 너절한 감각에서 오는 심리적 충격과 우울은 아마 부모 세대는 겪어보지 못한 고통일 것이다. 그게 얼마나 한 인간을 비참하게 하는지, 쪼그라들게 만드는지 상상하지 못하리라. 입시 경쟁에서 소진되고, 구직난으로 완전히 고갈된 상태에서도 더 스스로를 다그쳐야 한다. 회사는 경력직만 찾고, 구직 청년을 위한 인턴십이나 참여형 프로그램은 '네가 좋아서 하는 일'이기 때문에 합당한 보수 대신 앞날을 위한 경험을 쌓는 것으로 만족하라고 한다.

어렵사리 사회에 진입한다고 해피엔딩은 아니다. 개성과 창의력이 중요하다고 가르쳤으면서도, 일터에는 여전히 군대식 상명하복 체제가 건재하다. 많은 일터들이 안전하지도, 상식적인 대화가 통하지도 않는다. 급여는 물가 상승 폭에 한참 못 미치고, 몸을 불살라 일해도 돌아오는 건 잃어버린 건강, 피폐해진 일상이다. 부모님 세대가 그러했듯 성실과 노력만으로 과연 가정을 꾸리고 자식을 낳아 좋은 교육을 제공하며 뒷바라지를 할 수 있을까? 나 하나 건사하기도 벅찬 현실에선 불가능한 일이다. 독립을 시도할 형편조차 되지 않는 상태에서 홀로 서지 못했다는, 형용할 수 없는 부채감을 떠안은 채 연애를 하고 결혼을 하고 출산을 한다는 건 어불성설이다.

캥거루족을 위한 변명

시대마다, 각자가 처한 환경에 따라 인간이 겪어낸 고난의 몫을 동등하게 비교할 수는 없다. 하루하루 생존 자체가 과제였던 선사시대 사람들과 비교한다면 우리 모두는 그럭저럭 괜찮은 삶을 살고 있다고 말해도 좋을 것이다. 부모 세대가 겪은 고난이 꼭 우리의 것보다 더 하다고도, 덜 하다고도 말할 수 없다. 시대는 다르지만, 모두는 각자의 방식대로 삶의 한 시기를 버텨왔다.

그런 의미에서 이전과 달라진 청년들, MZ 세대라 불리는 이들이 노동을 대하는 방식이 틀렸다고 단언하는 것도 불합리한 구석이 있다. 일이 미래를 보장해주지 않으며 자아실현과도 무관하다는 걸 깨달은 사람들은 순전히 '사람답게' 살기 위해 적당히 받고, 적당히 일할 수 있는, 적당한 직업을 찾는다. 가정을 꾸리고 아이 기르기를 포기한다. 그게 정말 잘못된 일일까?

오늘날 많은 청년은 '어른 되기'를 유예하거나 자진해서 포기한다. 사회에서 요구하는 '어른'의 요건을 모두 갖추기가 힘들기 때문이다. 안전한 기반을 닦아 온전히 자기 일에 책임을 다할 수 있는 어른됨은 지금 청년들에게는 자연스럽게 거쳐가는 삶의 한 과정이 아니라, 용기가 필요한 모험이자 원대한 목표 혹은 막연한 꿈이 되어버린 것 같다.

나 역시 앞날에 대한 두려움으로 상시적 불안에 시달린다. 더 나은 내일을 상상하기 힘들어졌다. 하지만 반대로 말하면 여기에는 어떤 희망이 담겨 있다. 불안은 곧 나를 지탱해줄 안전한 토양에 대한 열망과 다른 말이 아닌 까닭이다. 뿌리 내릴 곳 없어 열매 맺지 못하는 이들은 불안한 자신을 힘껏 그러안아줄 토양을, 스스로 우뚝 설 땅을 찾아 방황한다.

꼭 모든 사람이 같은 시기에 독립할 수 있는 건 아니니 조급

해하지 말라고 다독여주는 어른이 있다면 어떨까. 조금은 폐를 끼쳐도 좋으니 잠시 기대어 독립할 준비를 하라고, 안정된 고용 환경과 합리적인 일터 문화를 만들어보겠다고, 가정을 꾸려 아이를 낳아도 괜찮은 사회를 만들겠다고, 그런 목소리를 내주는 어른들이 있다면 어떨까. 자립하고자 헤매는 이들에게 지지와 격려를 건네는 어른들이 있다면, 그럼에도 어른 되기란 도전해 볼 만한 것이지 않을까?

(vol. 148, 2023. 7-8)

과잉 양육과 아이 길들이기

과보호와 자본주의 시장경제의 만남

아동기 길들이기, 그리고 아이의 자아 길들이기는 어느 날 갑자기 벌어진 일이 아니다. 한 세기 이상에 걸쳐 꾸준히, 그러나 점점 가속이 붙으면서 진행되다가 최근에야 아동기가 머지않아 소멸할지도 모른다는 위험 신호가 대중의 감시망에 들어왔다. 길들이기의 근본적인 원인을 이해하고, 어떻게 하면 이 상황을 되돌릴 수 있을지 길을 찾고자 한다면 과거를 되돌아볼 필요가 있다.

크리스 메르코글리아노 _ 미국 뉴욕주의 알바니 프리스쿨에서 50년 가까이 아이들을 만나오고 있다. 『두려움과 배움은 함께 춤출 수 없다』 같은 책을 썼다. 이 글은 『길들여지는 아이들』(오필선 옮김)에 실린 내용의 일부이다.

지금 우리가 목격하고 있는 엄청난 변화는 아무도 눈치채지 못하는 사이에 조용히 시작되었다. 20세기에 들어서면서 '아이들' 하면 바로 떠오르는 이미지에도 변화가 생겼다. 그 전까지만 하더라도 아이들의 이미지는 천성이 순수하고 건강하며, 어려움을 극복하는 과정을 경험으로 배우면서 꾸준히 어른으로 성장할 수 있는 존재였다.

　역사학자 피터 스턴스Peter Stearns와 동료 학자들에 따르면 1900년에서 1950년 사이에 몇 가지 변화가 연달아 일어나 눈덩이처럼 커지면서 아이들의 이미지는 정반대로 바뀌었다. 변화의 시작은 역사상 처음으로 선택에 따라 임신 조절이 가능해져 출생률이 급격하게 떨어지면서 나타났다. 가족 규모가 작아지면서 아이들은 어느 때보다 더 소중한 존재로 여겨졌다. 동시에 심리학이 과학적인 학문으로 입지를 굳히고 아이들도 그 연구 범위에 들어갔다. 행동주의는 바람직한 행동을 보상하고 환경을 관리하여 나쁜 행동을 예방한다는 개념을 만들어냈고, 프로이드의 심층심리학은 무의식의 힘이 아이들을 쉽게 압도할 수 있으며, 부모와의 사이에 갈등이 풀리지 않고 남아 있으면 상처받기 쉬운 아이들의 영혼에 잠재적으로 나쁜 영향을 준다는 개념을 도입했다. 시인이자 사회 비평가인 로버트 블라이Robert Bly가 말했듯이 "이제 수백만의 부모가 상처주지 않고 아이를 키우는 일이 불가능하다는 사실을 알게 되었다."

자본주의 시장경제는 눈앞에 펼쳐진 노다지를 차지하기 위해 주저않고 뛰어들었다. 자칭 전문가라고 하는 사람들이 나타나 육아 지침서들을 쏟아냈고, 미국 곳곳의 중산층 가정에 월간 육아 잡지를 배달하면서 최신 육아 정보를 제공했다. 광고회사가 부모에게 위험이 닥쳐왔다는 메시지를 퍼부으면 곧이어 의약품과 보호 장구, 아동용품 시장이 마찬가지로 붐을 이루었다. 역사학자 크리스토퍼 래시Christopher Lasch는 다음과 같이 주장했다.

"정신의학은 부모를 만성적으로 불안 속에 가두고, 광고업계가 한 가지 걱정을 없앨 새로운 상품을 쏟아내면 또 다른 불안거리를 만들어 희망을 꺾어버린다. 그렇게 해서 어린이들의 건강과 안전, 하루분의 영양, 정서적·지적 발달, 인기와 성공을 두고 또래와 경쟁하는 능력, 이 모든 것은 비타민, 일회용 밴드, 충치 예방 치약, 시리얼, 구강청결제, 완하제를 얼마나 소비하느냐에 달려 있다고 주장하는 광고산업의 집요한 마케팅이 통할 수 있는 정서적 토대가 마련되었다."

20세기 중반에 접어들자, 과거에는 튼튼하고 혼자서도 잘 지낼 수 있던 아이들의 이미지가 세균과 각종 질환 또는 예기치 못한 환경이 닥치면 언제든지 쓰러질 수 있는 가냘프고 의존적인 존재로 완전히 탈바꿈해버렸다. 하루아침에 아동기는 일어나길 기다릴 수밖에 없는 사고의 시기로 변했고, 스턴스가 말한 것처럼 "보통 같으면 정부 규제에 적대적이던 미국 사회가 안전, 경고 표시와 울타리, 그리고 아이를 위험으로부터 지켜줄 온갖 종류의 간섭에 집착했다." 텔레비전은 '당신의 자녀가 어디에 있는지 아십니까?'라는 공익광고를 저녁 프로그램 사이사이에 주문처럼 읊조렸다. 20세기가 잔뜩 겁에 질린 채 밀레니엄을 향해 갈 즈음, 아이들을 집 주변이나 놀이터와 놀이방에 가두려는 부모들의 경향은 거의 일반적인 현상이 되었다.

양육 방식을 지배하는 심리, 공포와 통제

아이 길들이기의 과정은 아이들의 이미지가 약하고 보호받아야 할 존재로 바뀜과 동시에 자녀를 잘 키우려는 부모의 근심이 커지면서 이 두 현상이 강하게 상호작용한 결과에 일부 기인한다. 두 현상에 존재하는 공통분모는 공포와 통제이며, 이제 이 두 가지 심리가 부모의 양육 방식을 지배하고 있다. 자녀의 미래에 대한 지나친 걱정으로 심리학자 데이비드 엘킨드David Elkind가 말하는 이른바 '과잉 양육' 현상이 생겨서 부모는 각종 과외 활동으로 아이들의 자유 시간을 빼곡하게 채워 넣는다. 아이의 안전과 행복을 바라는 신세대 학부모인 심리학자 포스터 클라인Foster Cline이 말하는 소위 '헬리콥터 부모'는 자녀의 주변을 맴돌며 어려움이 닥치면 언제든지 내려앉아 구조할 태세를 갖추고 있다. 헬리콥터 부모는 자녀들을 위해서라면 가리는 일이 없다. 아이들의 길을 열어주고 대신 싸우며, 아이들 스스로 성공 또는 실패를 겪을 자유를 허락하지 않는다. 여기 주목할 만한 통계자료가 있다. 세 살에서 열한 살 사이 중산층 아이들이 어른에 의해 짜이지 않고 감독받지 않으면서 집 밖에서 하던 놀이는 1980년대와 1990년대 사이에 40%나 급감했다.

이런 현상은 우리가 모르는 사이 스리슬쩍 찾아온 과정이 아니다. 그보다는 일종의 생물학적 유인 작용 때문에 우리는 선천적으로 아이들의 복지에 매달리게 마련이라고 사회심리학자 웬디 그롤닉Wendy Grolnick은 말한다. 가족의 생존에 대한 포유동물 특유의 유대감과 진화과정상의 본능은 자연스럽게 자식들에게 가장 좋은 것을 찾는 욕구로 바뀌며 이는 또 아주 쉽게 공포와 통제로 바뀔 수 있다. 어머니이기도 한 그롤닉은 부모 통제 형태를 연구하는 데 많은 시간을 쏟았다. 그녀는 부모가 갖는 본능적인 관심과 염려는 경쟁적이고 위계적인 사회제도 탓에 겹겹이 두터워진다고 설명한다.

그롤닉과 엘킨드는 점점 번져가는 통제형 양육 방식에서 스트레스의 영향을 중요하게 꼽는다. 부모로서는 단지 아이들이 고분고분하기를 원해 통제하려 들 때도 있지만 과도한 부담감에 짓눌리기 때문인 경우도 많다. 경제 사정, 아이를 고려하지 않은 취업 계획, 한 부모 가정에서 오는 어려움, 눈코 뜰 새 없이 바쁜 일상으로 인해 아이들을 자율적으로 키우기에는 부모의 심리 상태가 온전하지 못하다. 아이들이 스스로 배워가며 자기 문제를 해결하는 법을 터득하기까지 얼마나 많은 인내의 시간이 필요한지는 모두가 알고 있다.

더욱이 스트레스에 짓눌린 부모는 아이들을 "상징으로 단순화"해서 보는 경향이 있다고 엘킨드는 말한다. 아이들이 주체가 아닌 대상이 되면서 부모는 아이를 전인적 인간으로 알아가야 하는 고된 일에서 손을 놓아버린다. 그렇게 되면 부모는 아이가 정말 무엇을 원하는지 고려하지 않은 채 이곳저곳으로 끌고 다니며 온갖 과제로 옭아맨다.

스트레스가 있으면 부모는 자기중심으로 판단하고 결국 자녀를 '또 다른 자신'으로 보게 된다. 이런 부모는 아이들의 옷차림이나 학교생활이 자신이 보호자로서 어떻게 비치는지에 영향을 준다고 생각한다. 그래서 그 압박감을 덜고 자존심을 세우기 위해 자녀를 몰아부치면서 자신을 대신해 남에게 지위를 증명해주는 존재로 탈바꿈시킨다. 이런 방식의 양육은 아이들을 아이답게 키울 여지는 조금도 남겨두지 않은 채 전적으로 어른이 정한 대로 몰고가는 또 다른 형태의 길들이기이다.

그롤닉은 부모의 스트레스가 종종 과민반응으로 터져나와 통제 행위로 나타난다고 설명하면서, 가정 복지를 주제로 한 자신의 연구를 인용한다. 이 연구는 재정적 어려움과 처벌적 양육

사이의 밀접한 상관관계를 밝히고 있다. 농촌 가정을 주제로 한 다른 연구에서는 가난, 자녀 수, 저학력, 한부모 가정 같은 스트레스 요인이 많을수록 어머니는 아이들에게 필요한 도움을 덜 주며, 무시하는 발언을 더 많이 하고 위협하며, 신체적·정서적으로 통제하려는 모습을 보였다.

그롤닉은 통제형 양육이 아이들에게 미치는 영향을 밝히기 위해 엄마와 아기들 사이의 상호작용에 초점을 두고 몇 가지 연구를 진행했다. 한 실험에서는 엄마들에게 장난감을 주고 첫 돌이 된 아기와 놀게 하면서 일부러 명확하지 않은 이런 내용의 지시를 전달했다. "아기가 장난감을 가지고 노는 동안 아기 옆에 앉아 계세요." 그러고는 숨겨놓은 카메라로 아기와 엄마를 3분간 촬영했다. 몇 명은 이 지시를 아이들이 장난감을 '제대로' 가지고 놀도록 해야 한다는 뜻으로 받아들였음이 분명했다. 이들 엄마는 장난감 사용법을 보여주기 위해 심각하게 아기의 놀이에 거듭 끼어들었다. 다른 엄마들은 이 지시를 '필요할 때 돕는 역할을 하라'는 의미로 풀이해서 아기들이 혼자 놀다가 곤란한 상황이 되었을 때만 도움을 주었다.

그롤닉은 통제 성향의 정도와 아기의 자율성에 도움이 되는 정도에 따라 엄마들을 구분했다. 자율성에 도움이 되는 엄마들은 아기가 하는 대로 봐주면서 격려하고, 막힐 때는 딱 알맞은 만큼만 도와주었다. 통제 성향의 엄마들은 아기와의 상호작용을 주도하면서 늘 필요 이상으로 도와주고 무엇을 해야 할지 사사건건 개입하려고 했다.

이어서 연구자들은 다시 아기와 엄마를 떨어뜨려 놓고 아기의 활동지속성을 측정하기 위해 아기에게 어려운 과제를 주었다. 통제 성향의 엄마를 둔 아기들은 쉽게 포기하려는 경향을 보인 반면에 자율성에 도움이 되는 엄마를 둔 아기들은 주어진 과제를 풀려고 계속 애썼다. 그롤닉은 통제 성향의 엄마들이 관리 단속하고 강요하는 행동은 아이들의 타고난 능력과 동기를 손상시킨다고 결론 내렸다.

조절형 부모와 통제형 부모의 차이

지금 이 논의를 위해 핵심적인 질문을 던져보자. 부모 통제의 적절한 선은 어디일까? '사회화'가 '길들이기'로 변해 결국 부모의 육아 방식이 아동기를 위협하는 요인으로 작용하는 지점은 어디일까?

그롤닉은 '조절하는' 부모와 '통제하는' 부모의 차이를 설명한다. 조절한다는 말은 나이에 따라 한계를 분명히 하고, 아이들이 스스로 선택하며 실수를 통해 배우도록 허락함으로써 자율성을 키우도록 돕는 행동을 말한다. 조절하는 부모는 아이가 특정 행동을 하는 데 최소한으로 개입하며, 아이가 스스로 자기 의지에 따라 행동한다고 믿게 한다. 이들은 부모가 내린 결정에 대해서는 그 이유를 설명해준다. 아이가 성장하면 점차 아이와 의견 조정도 한다. 반면에 통제한다는 말은 복종에 큰 가치를 두고 특정한 결과가 나오도록 아이를 이끌며, 대화는 좀처럼 나누지 않는다는 말이다. 또 처벌하고 평가를 내리며, 기한을 정해 압박하거나 아이의 죄책감을 자극해 스스로 순종하게 만든다. 이런 모든 행위는 아이의 자신감에 상처를 준다.

아이들은 풍부한 내재적 동기를 갖고 태어나지만 나쁜 환경에서 이 동기는 쉽게 다칠 수 있다. 그롤닉은 "아이들이 간섭 받지 않고 자기 흥미를 찾아갈 수 있는 자유를 허락하는 일이야말로 내재적 동기에 가장 중요하다"고 했다. 아이들이 스스로 결정한 바에 따라 행동할 때에만 내재적 동기가 작동할 수 있다. 위협, 뇌물, 마감 시한, 지시, 남이 설정한 목표는 물론 심지어 칭찬과 보상 같은 외재적 강화 요인은 내재적 동기를 손상시키기 쉽다.

칭찬은 의도에 따라 통제 수단으로 쓰일 수도 있기 때문에 다양하게 풀이될 수 있다. 통제를 목적으로 하는 칭찬은 아이가 하는 일을 더 잘하도록 조종하려는 의도를 감추고 있으며, 끝까지 마치도록 압박한다. 통제성 칭찬은 구체적인 행동에 대한 칭찬보다는 아이에 대한 칭찬으로 나타나기도 한다. "숙제를 다 마쳤으니 넌 착한 딸이야"라는 식의 칭찬은 칭찬하는 사람의 기준에 맞춰야 인정받고 자기 가치를 확인할 수 있다고 가르치기 때문에 내재적 동기를 해친다. 한편, 칭찬하는 사람이 솔직히 자기 의견을 말하고 격려해준다면 칭찬은 동기를 불러일으키고 일의 수행에도 긍정적인 영향을 줄 수 있다.

이끌어주기와 내버려두기의 적절한 때를 알기

두 아이의 아버지이자 학교 운영자로서 매우 다양한 가족들과 밀접하게 작업하며 얻은 경험에 근거해 나는 확신한다. 우리가 아이들을 조건 없이 애정으로 보살피되 일관적이고 단호하게 제한을 두면서도 가능한 한 아이를 구속하지 않는다면, 물질적 대가나 위협보다 충분한 정보를 주고 아이가 책임감 있게 선택할 수 있도록 신뢰한다면, 그리고 자발적인 존재가 되고 싶어 하는 마음 깊은 곳 욕망을 존중한다면, 아이들은 종종 어린 나이에도 스스로 결정하는 능력을 발휘할 수 있다.

하지만 이 경험이야말로 그롤닉이 말하는 적절한 개입과 아이들이 스스로 결정하는 데 필요한 자유 사이에서 부모가 균형을 잡는 일이 얼마나 어려운지 뚜렷하게 보여준다. 나와 아내를 포함해서 우리 세대의 많은 부모가 저지른 실수는 우리가 1950년대 전후로 아동기를 보내면서 겪어야만 했던 권위적 양육에 대한 과민 반응이었다. 그래서 우리는 아이의 행동을 제한하는

데 너무 인색했고, 아이들이 스스로를 제대로 관리할 만큼 성숙하기도 전에 너무 많은 권한을 넘겨주었다. 우리는 아이들이 자기다움을 찾을 수 있도록 자유롭게 두려고 했지만, 권위를 지나치게 많이 포기하다가 아이들에게 허황된 자아의식을 심어준 것이나 다름없다. 그래서 아이들 스스로 방향 감각을 가다듬을 수 있게 돕기보다는 의도치 않게 부모 자식 사이의 힘겨루기에 힘을 쏟도록 부추긴 셈이다. 데이비드 엘킨드가 관찰한 사실에 따르면 "아이는 스스로를 조절해야 할 필요를 느끼지 못하면 부모를 통제하려고 행동"하기 때문이다. 아이는 스스로 흥미를 찾아가기보다는 부모 주변을 맴돌면서 부모를 더 잘 조정할 궁리를 한다. 우리는 아이가 어른을 지배하려고 할 때 사실은 아이가 세상을 무서워하며 그로 인해 세상에서 버틸 수 있는 탄탄한 발판을 만드는 데 실패한다는 사실을 미처 알지 못했다.

이런 식의 과잉 보상은 여전히 진행 중이다. 오늘날 많은 젊은 부모들은 너무도 아이들의 호감을 사고 싶어 "안 돼!"라는 말을 하기 꺼려한다. 이들은 잠자는 시간처럼 아이와의 사이에서 일어날 수 있는 실랑이를 피하는 경향이 있으며, 이는 결국 아이들이 진짜 욕구에 끌리기보다 미숙하고 갈등을 일으킬 소지가 다분한 충동에 휘둘리도록 방치하는 것이다.

지금까지 부모와 아이 사이에 벌어지는 변화무쌍한 역동성에 초점을 두고 깊이 살펴보았다. 내면의 야성이 살아남기 위해 일찌감치 거쳐야 하는 시험대가 바로 여기에 얼기설기 엮여 있기 때문이다. 부모인 우리는 아이들이 스스로 결정할 수 있는 존재로 거듭날 수 있게 여러 방면으로 지지할 수 있으며, 그렇게 함으로써 훗날 아이들이 타고나는 지식을 부정하며 길들이려는 세력에 꿋꿋하게 맞서 자신의 삶을 스스로 꾸려가도록 도울 수 있다.

(vol. 92, 2014. 3-4)

코로나 이후 나타난
초등 아이들의 발달지연

마스크를 벗을 용기?

2023년은 코로나 팬데믹이라는 깊은 수렁에서 빠져나와 교실에서 마스크를 벗은 아이들을 마주할 수 있게 된 뜻깊은 해다. 3월, 새 학기가 시작되면서 실내 마스크 착용은 권고사항이 되었지만 입학식에서도 교실에서도, 그리고 실외에서도 마스크 벗은 얼굴을 보는 건 쉽지 않았다. 나를 보호 혹은 방어해줄 하나의 장벽으로 존재했던 마스크를 벗고 맨얼굴을 드러내는 것은 용기가

한희정 _ 서울삼양초등학교 교사. 실천교육교사모임 대표를 맡았고, 『비고츠키 아동학과 글쓰기 교육』, 『초등학교 1학년 열두 달 이야기』 같은 책을 썼다.

필요한 일 같았다. 그러나 '무서운 현실'은 그 용기 따위를 우습게 내동댕이쳤다.

초등 1학년 담임교사로 아이들을 맞이하던 첫날 몰려온 당혹감은 이런 것이었다. '아, 아이들이 왜 이러지? 마스크 때문인가?' 인사를 나누며 주고받는 몇 마디 말을 도무지 알아들을 수 없는 경우가 많았다. 보통은 많아야 두세 명인데 예닐곱 명은 되는 것 같았다. 한 학급 열아홉 명 중 예닐곱 명은 큰 비중이다. 입학 첫날의 이런 우려는 그다음 날부터 무서운 현실이 되었다. 언어발달지연으로 언어치료를 받았거나 권고 받은 학생이 네댓 명이나 되고, 발달지체로 입학한 특수교육 대상 학생, 뒤늦게 파악된 지적장애 학생, 중간에 전학 온 의사소통장애 학생, 한국에서 태어나 유치원을 3년이나 다녔는데도 한국어 의사소통이 거의 되지 않는 학생까지 있는 우리 반의 상황이 특수한 사례이길 바랐다.

일주일 정도 수업을 한 후 교장, 교감 선생님과 이 상황에 대해 협의를 했다. 가장 시급한 것은 '마스크를 벗고' 수업할 것을 권고하는 일이었다. 저학년 교사들은 코로나 유증상 경우를 제외하고는 마스크를 벗고 수업할 것, 학생들에게도 마스크를 벗고 수업에 참여하도록 권고할 것. 간단할 것 같았던 이 권고를 실행하는 것이 그렇게 어려울 줄은 미처 몰랐다.

등교 시 필수품처럼 마스크를 쓰고 오는 아이들에게 교실에서는 마스크를 벗고 선생님 입 모양을 잘 보면서 듣고 말해야 한다는 것을 얘기해주고, 마스크 걸이를 나눠주면서 마스크를 벗어 목에 걸게 했다. 그런데 수업을 하다 보면 아이들이 하나둘 다시 마스크를 쓰고 있는 모습이 보였다. 의식적인 행동이라기보다 습관이 되어 거의 자동적으로 쓰는 것처럼 보였다. 더 안타까웠던 것은 마스크를 다시 쓰는 아이들 대부분이 언어발달지연 등으로 발음이 부정확한 아이들이라는 점이다. 왜 마스크를 벗고 수업해야 하는지 설명한 것을 이해하지 못했거나 마스크를 착용하는 습관이 더 고착화되어 그러는 것이 아닐까 짐작된다.

그다음부터는 마스크 주머니를 준비해 가방에 넣어두게 했다. 목에 걸어두라고 했을 때보다는 나아졌지만 쉬는 시간만 지나면 다시 쓰는 아이들은 여전했다. 시간이 조금 더 지나 마스크를 벗고 생활하는 것이 자연스러운 사회 분위기가 되면서 마스크를 쓰지 않고 등교했고, 마스크를 벗어주면 좋겠다는 교사의 잔소리도 점차 사라져갔다.

초등 1학년의 언어 생활

마스크를 벗고 대화를 나누어도 알아듣기는 힘들었다. 기운이 없고 아파 보이는 아이에게 무슨 일이 있냐고 물었더니, "덜려여"라고 답을 한다. 재차 물어도 알아들을 수가 없었다. 그래서 동작으로 표현하라고 하니 '자는 시늉'을 한다. "아, 졸리다고! 졸려서 자꾸 엎드려 있었던 거구나!"

다문화 학생뿐 아니라 여러 아이들이 입술소리 ㅁ, ㅂ, ㅍ을 제대로 발음하지 못해 얼버무리고, 혀끝소리 ㄹ을 ㄴ으로, 구개음 ㅈ, ㅊ을 ㄷ으로 대체한다는 걸 그렇게 깨닫게 되었다. 자기 생각이나 느낌을 세 단어 이상의 문장 수준으로 말할 수 있는 아이들이 소수이고, 대부분 한두 단어로 표현하는데, 그 또한 어휘가 매우 한정되어 있으며 문장으로 종결하지 못하는 현상을 교직 생활 25년 만에 처음으로 경험했다.

3~5세, 언어발달의 결정적 시기에 마스크를 쓴 채 생활했던 아이들이 겪은 발달지연의 후과가 쓰나미처럼 몰려오는 느낌이었다. 지난 3년 동안 마스크를 벗고 편하게 대화할 수 있었던 유일한 공간이었던 가정의 언어적 상호작용 환경이 좋은 경우와 그렇지 못한 경우의 대비가 너무나 선명하게 다가왔다.

입 모양을 보면서 말하고 듣는 상호작용이 부족하면 조음기관 발달이 더디고, 그렇게 미발달 상태로 조음체계가 고착화되면 이를 교정하는 데 엄청난 노력이 필요하다. 결국 초등학교 1학년 교실에서 선택할 수 있는 방법은 부정확한 발음을 읽기 훈련으로 교정하는 것밖에 없다는 생각을 했다. 즉, 글자 모양의 차이를 식별하고 그 차이로 발음을 구분하는 것을 배우는, 역방향 접근이다. 그러나 더 큰 난관은 특수한 조음장애가 원인이 아닌 경우, 언어발달이 지연되면 그에 따른 인지발달도 지연되어 읽기 학습 역시 더디다는 점이었다.

그러나 이 모든 것을 담임교사 혼자 감당하기에는 무리였다. 특수교육 실무사가 있지만 특수교육 대상 학생의 수업을 지원해주는 보조 역할에 한정되어 있고, 학습 튜터를 주당 9시간 배치해주었지만 관련 전문가가 아니기에 아이들이 수업을 따라오게 지원해주는 것만으로도 벅찼다. 다문화 학생을 위해 이중언어 지원 강사를 구하려 했지만 3차 공고까지 내도 지원자가 없었다. 서울시교육청 다문화교육지원센터, 자치구의 다문화가정지원센터에 수소문을 해도 지원 자격이 너무 높아 석 달이 지나도록 구하지 못했다. 시간은 속절없이 흐르고 그렇게 1학기가 끝났다.

언어발달지연의 후과, 인지발달지연

자칭, 타칭 초등 1학년 전문가로서 아이들의 발달 특성과 교육과정, 수업 방법 등을 연구하며 관련 주제로 집필, 강의까지 해왔는데 이런 교실 환경에서는 그 모든 것이 무너지는 느낌을 받곤한다. 어떤 문자적 자극을 주어도 보지도, 읽지도 않으려는 아이들은 대부분 언어발달이 지연된 아이들이었다. 1학년 아이들이 대체로 글자에 호기심을 갖고 읽으려는 욕구가 있는 것을 '당연' 하다 여겼던 나의 인식이 틀린 시대가 도래했다는 걸 깨닫게 되었다. 글자를 보고도 읽지 않는 아이들을 나는 처음 만났다.

언어발달지연으로 인지발달까지 심각하게 더딘 아이들 6명 중 3명의 보호자에게 '종합심리검사'를 권유했다. 여러 우여곡절 끝에 보호자의 동의를 받았다. 학교장 추천으로 인근 복지관에서 검사한 결과 3명 모두 지능지수가 68~72로, 경계선에 있었다. 주의집중, 논리추론, 작업기억 등의 영역은 평균 이하 값에 머물러 있었다.

2022년 서울시는 대한소아청소년정신의학회와 함께 만 0~5세 영유아 542명을 대상으로 '포스트 코로나 영유아 발달 실태조사'를 시행했다. 그 결과는 참혹했다. 어린이집에 다니는 영유아 456명의 33%(152명)가 현재 발달에 어려움이 있어 전문가의 도움이 필요한 것으로 나타났다. 검사 분야 모두에서 정상 발달을 보여주는 아동은 52%(237명), 지속적인 관찰을 통해 발달 지원이 필요한 아동이 15%(67명)였다. 가정보육의 경우는 더 심각했다. 가정에서 양육 중인 조사 대상 영유아 86명 중 언어발달 정상 아동은 69%(59명), 약간의 지체가 14%(12명), 언어발달지체가 17%(15명)으로, 3명 중 1명이 언어발달에서 지체를 보였다.

이 자료를 보면서 만 3세 아이가 기저귀를 찬 경우가 늘고 있고, 기저귀를 떼는 것이 가정에서 해야 할 일임을 인지하지 못한 채 유치원에서 담당해줄 것을 기대하는 보호자가 늘고 있다는 유치원 선생님들의 하소연이 떠올랐다. 일 년이 지나도록 학교 식당에서 교실을 찾아오지 못하고, 혼자서는 보건실을 찾아가지 못

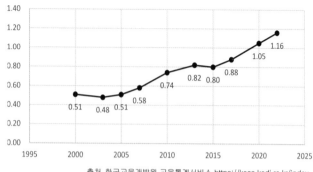

출처_한국교육개발원 교육통계서비스 https://kess.kedi.re.kr/index

학급당 특수학생
연도별 비율 추이
(단위: 명)

하는 아이들이 여럿이라는, 1학기가 지나도록 오늘이 무슨 요일
인지, 어떻게 하교해야 하는지, 방과후 수업은 무엇을 듣는 날인
지를 모르는 아이들은 처음 본다는 1학년 선생님들의 하소연 역
시 근거 없는 푸념은 아니었던 것이다.

진짜 문제는 지금부터다

앞선 실태조사 결과가 모집단 표본 조사가 아니라 보호자의
신청에 의한 무작위 추출이라서 전체를 대표하는 값이라고 보기
어렵다면 아이들의 발달지연이 막연한 느낌이 아님을 보여주는
더 정확한 통계가 있다.

한국교육개발원이 매년 실시하는 교육통계에 따르면 초등학
생 중 특수교육 대상자 비율이 지속적으로 증가하고 있다. 초등

연도	시각 장애	청각 장애	지적 장애	지체 장애	정서 · 행동 장애	자폐성 장애	의사 소통 장애	학습 장애	건강 장애	발달 지체	전체 학생 수
2015	2,088 (2.4)	3,491 (4.0)	47,716 (54.2)	11,134 (12.6)	2,530 (2.9)	10,045 (11.4)	2,045 (2.3)	2,770 (3.1)	1,935 (2.2)	4,313 (4.9)	88,067 (100)
2016	2,035 (2.3)	3,401 (3.9)	47,258 (53.7)	11,019 (12.5)	2,221 (2.5)	10,985 (12.5)	2,089 (2.4)	2,327 (2.6)	1,675 (1.9)	4,940 (5.6)	87,950 (100)
2017	2,026 (2.3)	3,358 (3.8)	48,084 (53.8)	10,777 (12.1)	2,269 (2.5)	11,422 (12.8)	2,038 (2.3)	2,040 (2.3)	1,626 (1.8)	5,713 (6.4)	89,353 (100)
2018	1,981 (2.2)	3,268 (3.6)	48,747 (53.7)	10,439 (11.5)	2,221 (2.4)	12,156 (13.4)	2,081 (2.3)	1,627 (1.8)	1,758 (1.9)	6,502 (7.2)	90,780 (100)
2019	1,937 (2.1)	3,225 (3.5)	49,624 (53.4)	10,200 (11.0)	2,182 (2.3)	13,105 (14.1)	2,204 (2.4)	1,409 (1.5)	1,763 (1.9)	7,309 (7.9)	92,958 (100)
2020	1,908 (2.0)	3,132 (3.3)	50,693 (53.1)	9,928 (10.4)	1,993 (2.1)	13,917 (14.6)	2,404 (2.5)	1,226 (1.3)	1,785 (1.9)	8,434 (8.8)	95,420 (100)
2021	1,826 (1.9)	3,026 (3.1)	51,788 (52.8)	9,695 (9.9)	1,874 (1.9)	15,215 (15.5)	2,450 (2.5)	1,114 (1.1)	1,799 (1.8)	9,367 (9.5)	98,154 (100)
2022	1,753 (1.7)	2,961 (2.9)	53,718 (51.8)	9,639 (9.3)	1,865 (1.8)	17,024 (16.4)	2,622 (2.5)	1,078 (1.0)	1,948 (1.9)	11,087 (10.7)	103,695 (100)

도별·장애영역별
육 대상자 현황
(단위: 명, %)

학생 수는 2000년 약 400만 명에서 2022년 267만 명으로 급감했

지만 특수교육 대상자는 2000년 약 2만 명에서, 2022년 3만1천

명으로 늘었다. 학생 수 대비 특수학생 비율이 0.51%에서 1.16%

로 급증했다. 앞으로 그 비율은 더 높아질 것으로 보인다.

교육부가 매년 발표하는 「특수교육 연차보고서」 2022년 자료

에 따르면 장애 영역별 특수교육 대상자 현황을 볼 수 있다. 시각

장애, 청각장애, 지적장애, 지체장애가 차지하는 비율은 점차 줄

어드는 반면, 자폐스펙트럼장애와 발달지체의 비율은 급증하고

있음을 확인할 수 있다.[1] 발달지체는 2015년 4.9%에서 2022년

---

1 발달지체는 어느 특정 질환 또는 장애를 지칭하는 것이 아니라, 발달 선별 검사에서
해당 연령의 정상 기대치보다 25% 뒤처져 있는 경우를 말한다. 전반적 발달지연은 대운

10.7%로 두 배 넘게 증가했다.

물론 장애나 발달에 대한 사회적 인식이 바뀌고 보호자들의 관심이 커짐에 따라 진단을 받는 학생 수가 이전보다 늘어난 측면도 무시할 수는 없을 것이다. 여전히 우리 사회의 특수교육 대상자 비율은 다른 선진국에 비해 한참 낮은 수준이다. 그럼에도 발달지체나 자폐성장애 진단을 받은 학생의 절대 수가 늘고 있는 이 추세에 대한 면밀한 연구와 대책이 필요하다는 점은 부인하기 어렵다.

코로나 때문만은 아니다

앞서 제시한 두 통계는 이 모든 현상이 단지 코로나 때문만은 아니라는 사실을 명백히 보여준다. 코로나 팬데믹이 이를 가속시킨 면은 있지만 전반적인 발달지연은 우리 시대의 현상이라는 것을 인정해야 한다. 그래야 지난하겠지만 그 배경과 원인, 해법이 보일 것이다. 무엇보다 우리 사회의 신계급화가 빚어낸 현상으로, 부익부 빈익빈의 고착화를 우려할 수밖에 없다. 가정의 사회·경제·문화적 환경이 절대 변수가 되는 시대에 사회적 자원을 어디에 어떻게 써야 하는가의 문제는 너무나 긴급하고 중대한 문

동, 미세운동과 인지, 언어, 사회성과 일상생활 중 2가지 이상이 지연된 경우로 정의한다.

제다. 또한 현대 사회의 의식주 생활 패턴의 변화가 양산한 각종 유해 물질과 환경, 그로 인한 생식 계통의 질환과 미숙아 비율의 증가도 눈여겨보아야 한다. 발달지체와 자폐스펙트럼장애 등의 발생이 임신 기간이 짧을수록, 출생 체중이 가벼울수록 영향을 받는다는 연구[2]를 볼 때 미숙아의 발달 지원 대책이 절실하다. 덧붙여 구술 사회에서 문자 사회로, 문자 사회에서 영상과 미디어 사회로의 변화가 가져오는 인간발달의 변화 추이를 주목해야 한다. '글자'를 읽지 않으려는 아이들을 보면서 '호모 사피엔스'라는 종이 어떻게 진화해갈지 알 수 없다는 생각을 하게 된다.

그럼에도 불구하고, 코로나 팬데믹의 교훈은 분명하다. '먹고 살아야 한다'는 당장의 이유로 학원, 교습소, 사설기관은 문을 닫지 않고 학교를 비롯한 공공기관의 문을 먼저 닫았던 과오를 다시는 반복하지 않아야 한다는 것이다. 또 다시 이런 재난 상황이 발생한다면 자영업자에 대한 손실 보상을 기본 조건으로 학원 문을 닫더라도 학교는 사회 필수 기관으로, 미래 세대의 성장과 발달을 위해 마지막까지 문을 열어두어야 한다.

(vol. 148, 2023. 7-8)

---

2 미숙아 건강통계 현황과 시사점, 《보건복지포럼》 3월호, 한국보건사회연구원, 2019.

아이들의 마스크 착용,
얻은 것과 잃은 것

마스크를 신뢰하는 사람들

하나의 바이러스가 모든 것을 지배했던 시간이었다. 대다수 국민들은 열심히 방역 수칙 지키고 백신 접종하면 이 바이러스가 사라질 거라고 믿었다. 그러나 그런 일은 결코 일어나지 않았다. 끊임없이 변이하는 호흡기계 바이러스와의 싸움에서 인간이 승리하는 것은 불가능하며 바이러스와의 공존을 받아들여야 한다는 사실을 인정하기까지 한국은 다른 국가들보다 훨씬 더 오랜

이덕희 _ 경북대학교 의과대학 예방의학과 교수. 저농도 환경오염 물질의 인체유해성에 대해 연구하던 역학자로 코로나 사태에 대해 질병청과 다른 목소리를 냈다. 자세한 내용을 담아 『K방역은 왜 독이 든 성배가 되었나』라는 책을 펴냈다.

시간이 걸렸다. 아이들의 1년은 성인의 10년과 맞먹는 시간일 수 있다. 3년 이상 이 바이러스를 막아보겠다고 사회의 모든 에너지를 쏟아 부은 후 문득 정신을 차렸을 때 우리가 발견한 것은 이미 너무나 많은 것을 잃어버린 아이들이었다.

유행 초기부터 코로나는 고령의 기저질환자에게만 위험했을 뿐 아이들에게는 감기 혹은 독감과 별다를 바 없는 감염병이었다. 70대 이상 연령대에서 호흡기계 감염병이란 항상 사망 원인 3, 4위를 다투었던 질병이었고, 코로나 팬데믹 전에도 해마다 수만 명의 고령자가 독감, 폐렴 같은 감염병으로 사망하고 있었다. 그리고 코로나와 같은 감염병이 유행하면 이들이 독감, 폐렴 대신 코로나로 사망하는 일이 매우 흔하게 발생한다. 그러나 '확진자 수 최소화'를 방역 목표로 삼았던 우리 사회는 코로나19를 '무증상도 허락되지 않는 감염병'으로 대우했고, 이런 비현실적인 방역 목표가 어떻게 사회를 서서히 병들게 만들 수 있는지에 대해서는 아무도 관심이 없었다.

현재 많은 국가에서 코로나 팬데믹 동안 방역이라는 이름으로 국민들에게 강제 혹은 권고되었던 각종 정책들에 대해 복기를 하고 있다. 그중 하나가 '마스크 의무화' 제도다. 아마도 한국은 마스크가 바이러스로부터 자신을 지켜주는 유일한 무기임을 믿어 의심치 않는 사람들이 가장 많은 국가일 듯하다. 아직까지 마스크를 벗지 못하는 사람들도 적지 않고, 지금은 벗었다 하더라도 앞으로 이런 일이 또 발생하면 마스크 의무화를 국민 스스로 요구할 가능성이 가장 큰 국가다.

그런데 마스크는 정말 바이러스 전파를 억제하는 데 의미가 있었을까? 아니, 마스크가 그런 기능을 한다면 모든 사람에게 마스크를 강제하는 제도를 받아들이는 것이 합리적인가? 우리가 간과했던 마스크로 인한 부작용은 없는 걸까? 마스크로 과연 우리는 무엇을 얻고 무엇을 잃었을까? 이 질문은 모든 사람에게 중요하지만 특히 자라나는 아이들에게 더욱 중요하다.

마스크의 바이러스 전파 억제 효과는 과장되었다

먼저 '마스크의 효과'와 '마스크 의무화 제도의 효과'는 다른 이야기라는 사실을 이해할 필요가 있다. 결론적으로 말하면 감염병 예방에 마스크는 효과적일 수 있지만 마스크 의무화 제도는 그렇지 않다. 마스크가 바이러스 전파를 막는 데 효과적이려면 몇 가지 조건이 필요하다. 얼굴에 빈틈없이 밀착해야 하고, 마스크 착용 전후에 항상 손을 씻어야 하며, 한 번 사용한 마스크는 폐기해야 한다. 즉, 마스크란 제대로 사용할 능력과 의사가 있는 사람들에게만 제한적으로 효과가 있을 뿐이다(물론 이런 사람들조차 마스크 착용은 스스로 선택해야 하며 국가나 타인이 강제할 수는 없다. 뒤에 설명하겠지만 장기간 마스크 착용은 그 자체로 다양한 부작용을 낳기 때문이다).

이런 이유로 오래 전부터 실험실 마네킹 혹은 특정 장소에서 단기간 시행된 연구에서는 마스크가 바이러스 전파를 막는 데 매우 효과적인 것처럼 보였으나 일상에서 장기간 사용하는 마스크는 효과가 거의 없거나 혹은 있다 하더라도 미미할 뿐이었다. 이것이 스웨덴이 처음부터 노NO마스크 정책을 선택했던 과학적 근거이자 유행 초기 WHO를 포함하여 많은 국가에서 건강한 사람들에게 마스크 착용을 권장하지 않았던 이유다.

코로나 유행 기간 시행된 연구들도 크게 다르지 않았다. 무작위로 배정하는 임상시험처럼 과학적 근거 수준이 높은 연구에 의하면 장기간 마스크 착용의 효과는 여전히 의심스러웠지만, 방법론상 문제가 많은 연구, 즉 과학적 근거 수준이 낮은 연구들에서 마스크의 강력한 효과가 줄지어 보고되기 시작했다. 그리고 놀랍게도 이런 논문들이 영향력이 매우 큰 과학저널에 발표되는 일이 벌어졌고, 방역 당국은 모든 조치를 해제해도 마스크만은 최후까지 고수해야 하는 가성비 높은 방역 정책이라고 주장했다. 물론 대다수 국민은 일말의 의문도 갖지 않았다.

덕분에 한국은 실내는 물론 실외에서조차 가장 오랫동안 마스크 의무화 정책을 편 국가 중 하나였다. 하지만 마스크 의무화 제도는 한 사회를 거짓과 기만으로 일상을 이어가는 연극판으로 만들 가능성이 매우 크다. 우리나라 국민은 '실외에서 100% 마스크 착용하기, 실내에서 마스크 벗은 채 먹고 마시고 떠들기'라는 기만적인 조합으로 팬데믹 시대를 살면서 역시 감염병 유행을 막는 데는 마스크가 최고라는 집단 환상에 빠지게 된다. 그 와중에 어른들의 통제하에 있는 영유아, 어린이, 청소년들은 꼼짝없이 하루종일 마스크를 강요당하는 일이 사회 곳곳에서 벌어졌다.

그러나 2022년이 되자 그 전까지 유행이 잠잠했던 동아시아권의 확진자 수가 급증하기 시작했다. 특히 오미크론 유행 시 마스크 착용률 100%에 수렴했던 한국에서 하루 수십만 명의 확진자가 발생하는 일이 벌어졌다. 2020년과 2021년에는 그토록 효과적으로 보였던 마스크가 2022년이 되어서 아무런 효과를 보이지 않았던 이유는 도대체 뭘까? 2022년 이전 동아시아권에서 바이러스가 통제되는 것처럼 보였던 것이 정말 마스크 때문이었을까?(마스크가 주제인 이 글에서는 지면 관계상 단지 질문만 던져놓을 뿐이다.)

2023년 4월이 되어서야, 미국의 방역 정책을 이끌었던 핵심 인물 중 한 명인 안소니 파우치 박사는 '뭔가가 분명히 잘못되었다Something Clearly Went Wrong'라는 제목의 《뉴욕타임즈》 인터뷰에서 이렇게 말했다. "공중보건학적인 관점에서 볼 때, 인구집단 차원의 마스크 효과는 기껏해야 10% 정도다." 실상 아이들한테는 그 10% 효과조차 보이지 않지만 우리는 자라나는 아이들에게 3년 이상 마스크를 강요했다.

무시무시한 코로나는 피해갈 수 없었다 하더라도 마스크 덕분에 독감이나 감기는 걸리지 않았다고 믿는 사람들도 많다. 하지만 이 역시 착각일 뿐이다. 코로나 유행 동안 독감과 감기가 사라진 것은 전 세계에서 나타난 현상으로, 유행 내내 노마스크로 대응했던 스웨덴에서도 마찬가지였다. 생태계에서 늘 벌어지고 있는 바이러스들 간 생존 경쟁의 결과를 두고 마스크 덕분이라고 해석했을 뿐이다. 수많은 착각과 혼돈이 지배했던 시절이었고, 아직도 그 잔재가 우리 사회를 무겁게 짓누르고 있다.

아이들은 마스크로 무엇을 잃었을까

최근 마스크가 건강에 미치는 영향에 대해 다각도로 접근하는 논문들이 증가하고 있다. 하지만 본질적으로 이 이슈는 실증적인 증거를 필요로 하는 영역이 아니다. 인간이라면 누구나 가지고 있는 이성의 힘으로 충분히 판단할 수 있으며, 그 판단에 근거하여 사전주의 원칙[1]에 입각해 행동해야만 했던 영역이었다. 호모 사피엔스는 인위적인 장치로 얼굴과 호흡기를 가린 상태로 진화해오지 않았다는 사실만 가지고도 너무나 많은 것을 합리적으로 추론할 수 있다.

---

1 precautionary principle. 중대한 피해나 위험이 예상되는 경우 불확실성을 이유로 환경 손상 방지 조치를 미루어서는 안 된다는 원칙.

1. 마스크는 언어·인지·정서·사회성 발달에 악영향을 준다

인간은 지구상에 존재하는 생명체 중 성장과 발달 과정이 긴 편에 속한다. 이 과정을 통하여 인간은 호모 사피엔스만의 특별한 능력들, 즉 언어, 인지, 정서, 사회성 등을 습득하게 된다. 이런 능력들은 시간만 지나면 저절로 발현되는 것이 아니라 그들을 둘러싼 환경, 즉 타인과의 상호작용을 필요로 하며, 그 중심에 얼굴이 존재한다. 마스크란 이런 상호작용을 전방위적으로 막는 매우 위험한 방역의 소도구일 뿐이다.

언어발달에 청각정보만큼이나 중요한 역할을 하는 것이 '입 모양'이라는 시각정보란 사실은 의문의 여지가 없다. 언어는 고등 인지 기능의 기초를 닦는 과정이기도 하다. 따라서 마스크로 영유아의 시각정보를 차단하는 행위는 도미노처럼 그다음 단계의 상위 기능에 영향을 미치게 된다. 나이가 어릴수록 그 영향은 더욱 크며, 완전한 회복이 불가능한 비가역적인 결과를 초래할 가능성도 함께 증가한다.

사람 얼굴에는 입 모양이라는 시각정보만 존재하는 것이 아니다. 얼굴은 인체에서 미세근육이 가장 많이 분포해 있어, 얼굴을 통한 감정의 전달은 호모 사피엔스가 사회적 동물로 진화하는 데 핵심 역할을 했다. 얼굴을 통해 전달되는 감정을 부정적 감정(분노, 공포, 슬픔 등)과 긍정적 감정(행복감, 즐거움 등)으로 대별한다면, 분노와 같은 부정적 감정은 눈과 눈썹만으로도 잘 전달되나 행복감 같은 긍정적 감정이 전달되는 주 경로는 입 모양을 포함한 하관이다. 얼굴의 3분의2 이상을 가린 마스크는 이런 감정의 상호작용을 막는다. 타인의 감정을 제대로 읽지 못하는 아이들이 살아가게 될 우리 사회의 미래는 과연 어떤 모습일까?

인간의 뇌는 얼굴이 전달하는 시각정보와 다른 사물이 전달하는 시각정보를 다르게 처리한다. 다른 사물의 정보는 부분으로 쪼개서 인식하지만 얼굴이 가진 정보는 통째로 인식하도록 그렇게 진화해왔다. 최근 인간의 뇌에는 얼굴만을 인식하는 영역이 따로 존재함이 밝혀지기도 했다. 과연 그 역할은 뭘까? 그동안 우리 사회에서는 왜 이러한 의문에 대해 그 누구도 감히 질문조차 던지지 못했던 걸까?

2. 마스크는 면역 시스템 훈련 기회를 박탈한다

또한 영유아 시기는 바이러스, 박테리아, 곰팡이 등 수많은 미생물로 가득 차 있는 이 지구상에서 이들과 공존하는 능력을 연마하는 시간이기도 하다. 우리가 지구에서 살아가는 한, 한순간도 쉬지 않고 마주치게 되는 이러한 미생물들은 피해야 할 대상이 아니고 피할 수 있는 대상도 아니다. 일상적인 삶 속에서 면역 시스템은 끊임없이 훈련되어야만 하고, 그 어떤 것도 이를 대신할 수는 없다. 호흡기는 지속적인 훈련이 필요한 대표적인 기관으로 장기간 마스크 착용은 이 과정을 적극적으로 방해하고 차단

한다. 결국 면역 시스템 훈련을 제대로 거치지 못한 아이들은 각
종 감염병과 만성병에 점점 더 취약해진다.

3. 마스크는 폐 기능 발달을 저해한다

모든 아이들의 기본 특징은 '자란다'는 것이다. 엄마의 자궁 안
에서 한 번도 사용한 적이 없던 폐를 쓰기 시작하는 것은 탄생 직
후부터다. 그때부터 시작하여 아이들의 폐는 호흡이라는 과정과
함께 영유아기, 아동기, 청소년기를 거쳐 성인이 될 때까지 계속
자란다. 숨이 턱 끝까지 차오르면서 달릴 때, 목젖이 다 보이도록
깔깔대며 웃을 때 그들의 허파 꽈리는 건강한 자극을 받으면서
더욱 무럭무럭 자란다. 그렇게 아이들의 폐 기능은 성장하고 발
달한다. 그 과정에 마스크라니? 3년 이상 아이들에게 방역이라는
미명하에 마스크를 강제했던 어른들이 지금쯤은 자신들의 오류
를 되돌아볼 때도 되었건만 '방역 1등국'이라는 헛된 망상에 젖
어 있었던 한국 사회는 어떤 자성의 목소리도 없다.

아이들은 마스크로 무엇을 얻었을까

아이들이 마스크 착용으로 얻은 것이 있는지 아무리 생각해도
떠오르지 않는다. 엄청난 마스크 쓰레기 외에는. 세월과 함께 분
해되어 환경 곳곳에 스며들 미세플라스틱, 나노플라스틱들. 3년

반 동안 벌인 방역의 잔해로 우리는 미래 세대에게 또 하나의 거대한 쓰레기 더미를 안겨주었다. 음식과 물, 공기를 통해 그것들이 아이들 몸 안으로 들어와 빚어내는 나쁜 결과는 아마도 코로나 바이러스 따위와는 비교할 수조차 없을 것이다.

또 하나가 더 있다. 마스크를 만들 때 사용된 수많은 합성 화학 물질들. 아이들이 숨 쉴 때마다 호흡기를 들락거렸을 그것들 중 일부는 이미 아이들 몸속 깊숙이 어딘가에 자리 잡았을 것이다. 견고하고 안전해 보이는 마스크일수록 이 문제는 더 심각하며, 그로 인한 악영향이 드러나는 데는 단지 시간이 필요할 뿐이다. 2017년 우리 사회는 '생리대 발암물질' 사태를 경험했다. 여성들이 한 달에 며칠 사용하는 생리대에 유해 화학물질이 포함되었다고 전 사회가 들썩였다. 그런데 똑같은 성분이 호흡기와 직접 맞닿는 마스크에서 검출되었을 때는 한 시간 통풍하고 사용하라는 것이 정부 당국의 권고였다.

방역으로 진짜 선진국이 될 수 있을 거라고 착각했던 어른들의 오판으로 가장 중요한 발달과 성장의 시기를 놓쳐버린 우리 아이들의 미래에 이번과 같은 일이 반복되는 비극은 없어야 한다. 이를 위하여 가장 시급한 일은 우리 사회가 코로나 사태를 처음부터 끝까지 정직하게 복기하는 일이다. 마스크는 우리가 복기해야 할 수많은 이슈 중 하나일 뿐이다.

(vol. 148, 2023. 7-8)

키에 대한 집착이
아이들의 건강을 위협한다

현대의학은 증상을 조절하는 약과 시술에만 집중하고, 병의
원인을 파악해 근본적으로 건강을 회복하는 데는 관심이 없다.
단순한 식습관과 생활습관 변화만으로도 쉽게 완치할 수 있는
고혈압, 당뇨병, 고지혈증 등이 평생 약을 먹으며 관리해야 하
는 병으로 취급되는 것이 대표적 사례다. 이런 병들은 불과 수십
년 전만 해도 한국에는 없던 것들로, 과거와 현재 한국인의 삶을
비교해보면 명확한 원인을 찾을 수 있다. 나는 기존 의료 관행

이의철 _ 직업환경의학 전문의이자 차의과대학 통합의학대학원 겸임교수, LG에너지솔루
션 기술연구원 부속의원 원장을 맡고 있다. 현대인의 만성질환과 기후위기를 해결하기 위
해 자연식물식의 중요성을 알리는 활동을 하고 있다. 『조금씩 천천히 자연식물식』, 『기후미
식』을 썼다.

의 한계를 절감하고, 여러 만성질환의 원인인 생활습관을 교정해 약이 필요 없는 상태로 만드는 '생활습관의학'을 주장해왔다. 그 덕분에 상업화된 의료를 지양하며 스스로 건강을 회복하려는 사람들을 많이 만나왔고, 자연스럽게 《민들레》 독자들을 비롯해 대안적인 교육에 관심이 있는 사람들도 많이 만나게 됐다.

하지만 기존의 교육 관행을 벗어나 대안을 고민하는 부모들도 아이들의 건강과 성장에 있어서는 기존의 견해를 따르는 경우가 적지 않다. 그중 하나가 아이들의 성장, 특히 '키'의 성장을 위해 고기, 생선, 달걀, 우유 같은 동물성 식품을 꼭 먹여야 한다고 생각하는 것이다. 공동육아, 협동조합, 대안학교라 하더라도 아이들의 성장에 있어서는 일반 학부모들과 큰 차이가 없는 듯하다. 이 글을 통해 우리가 바라는 '아이들의 더 나은 삶'은 어떤 모습인지 다시 생각해보고자 한다.

늘어가는 20대의 질병

나는 직업환경의학 전문의다. 직업병과 환경병을 진단하고 예방하는 일뿐만 아니라, 건강 상태가 악화될 수 있는 사람들의 업무를 제한하거나 변경하는 일도 한다. 여러 공장과 사무실을 돌아다니며 일하는 사람들의 건강 상태를 체크하고, 일을 막 시작하려는 사람들의 건강 상태도 진단한다. 이 과정을 통해 아주

쌩쌩할 것 같은, 취업을 준비하는 20대들의 건강 상태가 생각보다 좋지 않다는 사실을 발견했다. 2013년 선병원 직업환경의학센터에서 채용신체검사를 받은 청년 846명의 검사결과를 분석한 결과, 고혈압, 당뇨병, 고지혈증, 간장질환까지 모두 정상인 사람들은 단 3%에 불과했고, 33.5%는 고혈압이나, 당뇨병, 고지혈증, 간장질환 중 한 가지 이상의 문제를 갖고 있었다.

과연 무엇이 잘못됐기에 20대에 벌써 이렇게 건강이 망가진 걸까? 더욱 안타까운 사실은 이 시기가 인생에서 가장 건강한 때라는 것이다. 매년 선병원 직업환경의학센터에서 건강진단을 받은 3만여 명의 결과를 분석하는데, 연령대가 올라갈수록 비만, 고지혈증, 고혈압, 간장질환, 당뇨병 등의 질환이 급격히 증가하는 것을 확인할 수 있다. 또한 2010년대에서 2020년대로 갈수록 질병 유소견율이 증가하는 현상도 확인된다. 10년 전 35% 수준이었던 30대 후반의 비만율이 이제는 50%를 넘어섰고, 비만 관련 질병도 따라서 증가하고 있다.

신입사원 채용 과정으로 진행된 건강 진단에서 건강 상태가 좋지 않다고 판정할 때마다 마음이 무겁다. 불이익이 있을 것이 뻔하기 때문이다. 계속해서 취직에 실패해 일 년 동안 세 번이나 채용 신체검사를 받은 젊은이도 있었다. 무거운 마음의 짐을 덜려면 나는 무엇을 해야 할까? 이것이 내가 '성장'과 '교육'에 본격적으로 관심을 갖게 된 이유다.

한국인의 식단 변화와 만성질환의 증가

2022년 기준으로 한국인 1천 명당 1.6명이 암으로 사망하고, 1.3명이 심근경색, 협심증, 뇌경색, 뇌출혈, 고혈압 등의 순환기계 문제로 사망한다. 암에 대한 전국 통계를 내기 시작한 1999년과 비교했을 때 암 발생률은 2.2배가 됐고, 고혈압과 당뇨병, 고지혈증 발생률은 50여 년 사이 10~15배가량 증가했다. 초등학생 비만율 또한 1970년대 1% 수준에서 현재 15% 수준으로 증가했고, 1998년 26%였던 성인 비만율 또한 2022년에는 37.2%가 됐다. 유방암과 전립선암, 대장암 발생률 증가 속도는 세계 최고 수준이다. 여성의 초경 연령은 1920년생 만 17세에서 2000년대생 만 12세로 10년마다 0.6년가량 당겨졌고, 이는 성조숙증, 유방암 증가와 관련이 있다.[1]

이런 변화의 원인은 무엇일까? 바로 '인슐린 저항성'이다. 인슐린 저항성은 혈당을 조절하기 위해 점점 더 많은 인슐린이 분비되는 상태를 뜻하는데, 이로 인해 체중이 늘고 고지혈증, 고혈압, 당뇨병이 쉽게 발생하며, 암세포의 성장도 촉진된다. 종국엔 알츠하이머(치매)가 발생할 가능성도 있다. 인슐린 저항성을 유발하는 요인은 고기, 생선, 달걀, 우유 등의 동물성 식품과 식용

---

1 초경 시기가 빨라지는 것은 세계적인 추세로, 1900년 이전의 유럽도 만 17세였다가 현재 만 12세 수준으로 낮아졌다.

유, 설탕 등 식물성 가공식품, 낮은 신체활동 등이다. 공교롭게도 성장에 좋다고 알려진 음식들이 모두 인슐린 저항성과 관련이 있다.

건강 상태가 급격하게 변하기까지, 한국인의 식단은 어떻게 바뀌었을까. 유엔 식량농업기구의 통계에 따르면 한국인이 녹말 음식, 즉 탄수화물 식품을 가장 많이 먹었던 때는 1973년으로 하루에 771g의 탄수화물을 섭취했다. 2021년엔 탄수화물 식품 섭취량이 475g으로, 1973년보다 38.5% 감소했다.(1인당 쌀 소비량도 1978년 하루 394g에서 2021년 223g으로 43.4% 감소했다.)

그럼 나머지 음식들은 어떨까? 1961년 한국인들이 하루에 먹은 육류는 12.2g에 불과했으나 2021년엔 그 양이 236g으로 20배가량 증가했다. 심혈관질환에 좋다는, 오메가3가 풍부한 생선 및 기타 어패류 섭취량은 1961년 36.2g에서 2021년 152g으로 4.2배 증가했다. 심혈관질환에 좋다는 생선을 이렇게 많이 먹는데도 심혈관질환이 증가하고 있다면 '심혈관질환에 좋은 생선'이라는 주장에 대해 의문을 제기할 만하지 않을까?

소위 '몸에 좋은' 불포화지방이 많은 대두유, 옥수수유, 현미유, 들기름, 참기름, 올리브유 등 식물성 기름 섭취량은 1961년 1.2g에서 2021년 65.2g으로 54.1배나 증가했다. 설탕 섭취량도 1961년 5.2g에서 2021년 134.5g으로 26배 증가했다. 저탄수화물 다이어트의 필수품 달걀도 1961년 3.9g에서 2021년 35.5g으로 9.2배 증가했고, 우유 및 유제품은 1961년 1.5g에서 2021년 94.4g으로 무려 61.6배 증가했다.

지난 수십 년간 한국인들이 점점 뚱뚱해지고 과거에 없던 만성질환이 증가했다면 그 이유는 무엇일까. 탄수화물을 많이 먹어서일까. 과거보다 40%나 적게 먹고 있는데? 그렇다면 과거보다 20배 많이 먹게 된 고기, 4.2배 많이 먹게 된 어패류, 9.2배가량 많이 먹게 된 달걀, 62배 많이 먹게 된 우유, 54배 많이 먹게 된 식용유, 26배 많이 먹게 된 설탕이 문제의 원인이지 않을까? 상식적으로 생각해봐도 답을 찾을 수 있을 것이다.

이런 이유로 나는 지난 10년간 비만을 비롯한 다양한 만성질환을 예방하고 치료하기 위해서는 '고기, 생선, 달걀, 우유, 식용유, 설탕' 이 여섯 가지 음식을 먹지 않거나 최대한 줄일 것을 줄기차게 주장해왔다. 그리고, 내 권고를 따른 사람들의 건강 상태가 급격히 좋아지는 것을 목격해왔다. 체중이 7개월 동안 50kg가량 줄어든다든지, 복용 중이던 혈압약을 2주 만에 끊는다든지, 한 달 만에 인슐린 주사를 끊는다든지, 콜레스테롤 수치가 3주 만에 70 정도 내려간다든지, 난치병인 건선과 염증성 장질환(크론병, 염증성 장질환)이 불과 몇 달 만에 사라진다든지 하는 변화 말이다.

그럼에도 탄수화물 타령을 하면서 밥 양을 줄여야 한다고 주장하는 전문가들이 넘쳐나고, 그 주장이 상업화된 의료 및 제약 자본, 가공식품 및 축산·낙농업, 양계업, 어업 자본의 영향에서 자유롭지 못한 대중매체를 통해 확대 재생산되고 있다. 닭가슴살 다이어트 식품, 오메가3 보충제, 각종 동물성 식품이 들어간 가공식품 회사들의 후원금(광고비)을 받아 제작되는 기사와 방송 프로그램에서 과연 건강에 대한 진실을 이야기할 수 있을까? 그 결과 건강 상태를 악화시키는 주범인 동물성 단백질 식품이 마치 건강의 필수품인 듯 추앙받게 됐고, 이들 자본은 계속해서 몸집을 키워가고 있다. 또한 이런 주장이 일반인에게 상식처럼 자리 잡게 된 것엔 부모들이 아이들의 성장에 경쟁적으로 집착하는 태도도 크게 영향을 미쳤다고 본다.

과속성장에 대한 집착을 거두기

진료와 강연을 통해 고기, 생선, 달걀, 우유 등 동물성 식품을 최대한 먹지 말고, 식용유와 설탕도 거의 먹지 않다시피 할 것을 권고하면, 거의 예외 없이 이런 질문이 이어진다. "그런데 성장기 아이들은 고기나 우유를 먹어야 하지 않나요?" "아이들은 동물성 단백질을 먹어야 키가 크지 않나요?" 이럴 때 나는 "키가 클수록 암 발생 가능성이 증가한다는 사실은 알고 있나요?"라고 되묻는다.

2007년과 세계암연구기금과 미국암연구소는 합동보고서를 통해 빠른 성장과 성인기 큰 키가 대장암, 유방암, 난소암, 췌장암 등의 발생 증가와 관련 있다며 과속성장을 조장하는 '표준성장'에 대한 재논의 필요성을 반복해서 주장했다. 그리고 2018년에는 큰 키와 관련된 암 목록에 전립선암, 악성흑색종(피부암), 자궁내막암, 신장암이 추가됐다. 실제로 한국인 80만 명을 추적 관찰한 연구에서 키가 5cm 클 때마다 모든 부위의 암 발생 위험이 남성은 5%, 여성은 7%씩 증가하는 것이 확인됐다. 영국 여성 100만 명을 추적 관찰한 연구에서도 키가 클수록 모든 부위의 암 발생 위험이 증가하는 것이 확인됐고, 평균 키가 증가한 지역에서도 전 세계 어디든 예외 없이 암 발생이 증가하는 것이 확인됐다. 성장을 촉진시키는 요인이 정상적인 세포뿐만 아니라 암세포의 성장도 촉진하기 때문이다. 지난 100년간 한국 성인의 평균 키는 남녀 각각 15.1cm, 20.1cm로 전 세계에서 가장 크게 증가했고, 대장암, 유방암, 전립선암 발병률도 전 세계에서 가장 빠른 속도로 증가했다.

한국인의 성장패턴 변화를 통해서도 과속성장을 확인할 수 있다. 과거에는 만 15~16세 정도에 키가 급격히 크는 경우가 많았지만, 요새는 만 12~13세 정도까지 키가 훌쩍 크고 그 이후엔 성장이 둔화된다.(이는 여성의 초경 연령이 17세에서 12세로 어려진 것과도 관련이 있다.) 이유식부터 성장에 좋다는 소고기, 달걀, 생선, 우유 등 동물성 단백질을 챙겨 먹인 결과다. 소는 사람보다 성장

속도가 3배가량 빠르다. 소젖에는 모유에 비해 단백질과 칼슘이 3배가량 많다. 성장기 아이들이 소젖을 상복한다면 어떻게 될까? 지난 수십 년간 우유와 동물성 단백질 섭취가 급격히 증가하면서 어떤 일이 벌어졌는지를 상기하면 답은 쉽게 유추할 수 있다.

동물성 단백질이 성장과 암 발생을 동시에 촉진하는 이유는 IGF-1(인슐린유사성장인자-1)이라는 호르몬 때문이다. IGF-1은 성장, 특히 길이(키) 성장을 촉진하는 호르몬으로 알려져 있는데, 성인의 IGF-1 농도가 높을 경우 대장암, 유방암, 전립선암, 피부암, 골수암, 갑상선암 등의 발생이 증가할 수 있는 것으로 알려져 있다. 그런데 이 IGF-1은 동물성 단백질을 많이 먹을 때 체내 수준이 증가한다. 내 아이가 남들보다 조금 더 크길 바라는 마음에 듬뿍 챙겨 먹였던 동물성 식품들이 당장은 키를 키울 수 있지만, 장기적으로는 암을 비롯한 다양한 만성질환을 가져올 가능성도 높이는 것이다.

여성은 몇 세에 초경을 하는 것이 적당할까? 이 질문에 답하기 어렵다면 질문을 바꿔보자. 과연 여성은 몇 살에 임신을 하는 것이 적당할까? 12세? 17세? 12세가 적당하다고 생각하는 사람은 없을 것이다. 17세 즈음 초경을 하려면 천천히 성장하도록 식단을 구성해야 한다. 과거 한국인들이 먹던 식단에 답이 있다. 쌀, 보리, 밀, 고구마, 감자, 옥수수 등 다양한 탄수화물 음식을 충분히 먹고, 채소와 과일을 곁들여 먹고, 콩이나 견과류는 과하지 않게 먹으면 된다. 동물성 식품 섭취는 한 달에 한두 번을 넘지 않는 것이 좋다. 게다가 현대의 동물성 식품엔 각종 환경호르몬이 농축되어 있어서 더욱 식단에서 배제할 필요가 있다.

하지만, 이렇게 식단을 바꾸면 감수할 것이 있다. 과속성장을 하는 아이들보다 천천히 크기 때문에 15~16세가 되기 전까지는 상대적으로 키가 작을 수 있다. 표준성장 도표에서 평균 미만이라는 사실만으로도 불안해지고 양가 부모님이나 어린이집 선생님, 학교 선생님, 소아과 의사의 참견과 눈치에 시달릴 수 있지만, 전혀 불안해하거나 휘둘릴 필요가 없다. 표준성장 도표는 이상적인 성장을 말하는 게 아니라 현재 과속성장하고 있는 아이들의 키와 몸무게의 분포가 어떤지에 대한 정보를 제공할 뿐이기 때문이다. 오히려 세계암연구기금 보고서는 성장도표상 정상범위의 하한치에 가깝게 성장할 것을 권고한다.

채식으로도 충분히 건강할 수 있다

간혹 외국에서 채식주의 부모가 아이를 채식으로 키우다 아동학대로 고발당했다는 뉴스가 심심치 않게 보도된다. 하지만 "잘 계획된 채식 식단은 영양학적으로 적절하고, 만성질환을 예방하고 치료하는 건강상 이득을 제공할 수 있다. 이 식단은 임산

부, 산모, 영아, 유아, 청소년, 노인, 운동선수 등 생애의 전 단계에 적절하다"는 것이 세계 최대 영양전문가 조직인 미국영양식이학회의 공식 입장이다. 물론 종류가 제한된 채식 식단은 아이들의 성장에 좋지 않은 영향을 끼칠 수 있다. 하지만 통곡물, 채소, 과일, 콩류나 견과류 등 다양한 식물성 식품들로 식단을 구성한다면 전혀 문제가 되지 않는다. 오히려 동물성 식품을 상시적으로 먹는 아이들이 흔히 겪는 아토피, 비염, 중이염 같은 질병을 앓지 않고 아주 건강하게 성장할 수 있다.

그럼에도 단지 동물성 단백질을 먹지 않아 천천히 성장하는 것을 과연 성장지연 혹은 아동학대라고 말할 수 있을까? 오히려 과속성장을 부추기는 육식이 아동학대에 가깝지 않을까? 다른 아이와 키를 비교하면서 조바심을 내기보다는 각자 자기의 속도대로 성장하도록 용기를 주는 것이 좋지 않을까? 어른들이 '과속성장' 집착에서 벗어날 때 아이들의 개성과 다양성, 건강한 성장이 비로소 보장될 것이다.

(vol. 135, 2021. 5-6)

아이들은 미숙하고 또 성숙하다

발달론 다시 보기

목도 가누지 못하던 아기가 고개를 돌릴 줄 알게 되고, 팔다리를 버둥거리다 기기 시작하고, 마침내 두 발로 서서 걷는다. 아이들의 신체 발달 과정은 대체로 비슷하지만 어떤 아기는 기지 않고 앉아서 엉덩이를 들썩이며 돌아다니다 일어서기도 한다. 코어 근육과 척추기립근을 튼튼하게 하는 방법이 한 가지만 있는 것은 아니다. 직립보행은 거의 모든 아이들이 스스로 성취

현병호 _ 《민들레》 발행인. 지은 책으로는 『스스로 서서 서로를 살리는 교육』, 『반지성주의 보』가 있고, 『대안교육 20년을 말하다』 외 여러 권을 함께 썼다. 옮긴 책으로는 『지구에서 마지막까지 살아남은 사람』, 『소통하는 신체』(공역) 등이 있다.

해낸다. 그런데 아이가 제 발로 걸을 때까지 기다리지 못하고 서둘러 도움의 손길을 내미는 어른들이 있다. 아이를 보행기에 태워 일찍 걷게 만들면 허리 근육이 충분히 발달하지 못해 자라서 허리를 다치기 쉽다. 내버려둬야 할 때 내버려둘 줄 아는 것이 지혜다.

아이들의 신체 발달은 특별한 문제가 없는 한, 출생 후 십수 년 동안 꾸준히 계속되다가 대체로 10대 후반(드물게는 20대)에 멈춘다. 정신적 성장 또한 뇌의 변화와 함께 진행되는데, 논리적 사고 기능을 맡는 전전두엽이 왕성하게 발달하는 시기는 키가 가장 빨리 자라는 시기와 맞물린다. 눈에 보이는 현상만으로 보자면 단선적 발달론이 맞는 것 같다. 성장기 동안 키는 꾸준히 자라고(대개는 계단식으로 자라지만 줄어들지는 않는다), 논리적 사고력도 청소년기를 거치면서 점점 발달한다. 어른의 모습에 가까워지는 것을 '발달'이라고 한다면, 어른은 아이보다 더 '발달한' 인간인 셈이다.

하지만 관점을 달리하면 다른 것이 보인다. 자유로운 상상력, 사물을 의인화하는 물활론적 사유는 어린아이들의 특징 중 하나인데, 논리적 사고력이 자라면서 대부분의 아이들은 그 능력을 잃는다. 뼈가 단단해지면서 유연성을 잃는 것과 유사하다. 뼈가 단단해지는 것을 성장이라 볼 수도 있지만 유연성을 잃는 것을 퇴행으로 볼 수도 있다. 물활론적 사유를 미숙한 세계관이라

치부할 수는 없다. 피카소나 장욱진 같은 대가들의 작품은 어린아이가 그린 그림과 유사하다. '어린아이 같아지는 것'은 성숙의 최고 단계에서 나타나는 특징이다. 치매 환자처럼 지적 능력이 퇴행하면서 어린아이 같아지는 것이 아니라 지성을 갖춘 천진함은 자유로움의 궁극적인 모습이다.

아이는 미숙하기도 하고 성숙하기도 한 존재다. 미숙함은 아이들만의 특성이 아니며, 아이보다 미숙한 어른도 적지 않다. 평소 어른스러운 듯한 성인도 미숙한 모습을 보일 때가 있다. 미숙함이 아이들만의 속성이 아니듯 성숙함이 어른들의 속성도 아니다. 어떤 상황과 맥락 속에서 모든 사람은 때로 미숙하고 때로는 성숙한 모습을 보인다. 공자는 마흔에 이르러서야 미혹되지 않을 수 있었다고 했지만, 아마도 2천5백 년 전에는 혹할 일이 그리 많지 않았을 것이다. 만인이 만인을 유혹하려 온갖 난리법석을 피우는 이 시대에 불혹不惑은 꿈같은 일이다. 일흔이 되어서는 '마음 가는 대로 해도 법도에 어긋나지 않는' 종심소욕불유구從心所慾不踰矩 경지에 이르렀다지만, 어쩌면 하고 싶은 것이 별로 없는 나이가 되어서 그럴지도 모른다.

공자 시절 70세는 오늘날 100세 가까운 나이다. 부모님은 일찌감치 여의고 배우자와도 사별했다. 아들도 먼저 떠나보내고, 자식보다 아끼던 제자 안회와 자로마저 세상을 떠났다. 가까운 이들을 모두 가슴에 묻고 무슨 욕망이 남아 있겠는가. 미숙함을 벗어났다 싶으면 죽음이 목전에 와 있는 것이 인생이다.[1] 그 시절은 평균수명이 짧았던 만큼 10대 중반이면 다들 한 가정을 이루고 성인으로 처신했다. 아동기라는 시기가 따로 있지도 않았다. 불과 백 년 전까지만 해도 초등학생들이 사회운동을 하곤 했다.[2] 방정환은 소학교를 다니던 10세 때 소년입지회小年立志會를 조직해 동화 구연과 연설 활동을 시작했다. 오늘날의 아동발달론 관점에서 보자면 '머리에 피도 안 마른 것들'이 나름 뜻을 세우고 나라를 구하겠다고 '나댄' 것이다.

오늘날 많은 아이들이 나이에 비해 신체 발달은 빠른 반면 정신적으로는 미숙한 모습을 보인다. 평균수명이 늘어나고 사회활동 시기가 늦추어져서 그렇기도 하겠지만, 아이를 마냥 어린아이 취급하며 사사건건 관리하려 드는 어른들 때문이기도 할것이다. 아이가 잘 성장하지 못하는 이유는 역설적으로 어른들이 아이의 성장과 발달에 지나치게 집착하기 때문일지도 모른다. 언제 어느 만큼 성장해야 정상적인 발달인지 노심초사 지켜보며 성장판을 자극해 키를 늘이고, 두뇌 발달이 좋아지게 영양제를 먹이기도 하면서 투자를 아끼지 않는다. 아이의 삶에 사사건건 개입하며 발달을 재촉하는 부모의 그늘 아래서 아이가 잘

---

1 공자는 자로가 살해당한 이듬해 73세의 나이로 세상을 떠났다.

2 소학교를 다니던 장용남, 태억석은 만민공동회에서 연설을 했다는 이유로 퇴학 처분을 받았다.(이승원, 『학교의 탄생』, 휴머니스트, 2005, 334~337쪽.)

자라기는 힘들다. 그늘에서 잘 크는 나무는 없다.

아동기의 탄생과 해체

인간의 성장과 성숙, 퇴행은 순차적으로 일어나기도 하고 동시에 일어나기도 한다. 성장한다는 것은 곧 죽음에 가까워지는 과정이기도 하다. 태어나 계속 성장한 다음 퇴행이 일어난다고 보는 단선적 발달론의 맹점이 여기 있다. 근력과 골격이 자라는 시기에 유연성을 잃어가는 신체적 퇴행이 동시에 일어나듯이, 정신적 퇴행 현상 역시 언제든 일어날 수 있다. 퇴행 현상은 노년기에 두드러지지만, 정신적 또는 환경적 요인에 의해 아동기에도 나타날 수 있다. 아동기, 성년기, 노년기는 나이에 따른 구분일 뿐이다.

아이를 이상적인 존재로 바라보기 시작한 것은 인류 역사상 비교적 최근의 일이다. 20세기 들어 생산력이 비약적으로 발전하면서 아동 노동력에 기대지 않을 수 있게 되고 자녀를 한두 명만 낳아 애지중지 키우는 문화가 생겨나면서, 18세기 이후 루소를 비롯한 사상가들이 설파한 아동중심 사상이 힘을 얻기 시작했다. 그 이전까지 아이는 그저 '부려먹기 쉬운 작은 인간'이었을 뿐이다. 서양 회화에서 아동이 독립적인 피사체로 등장한 것이 16세기 중반이며, 18세기 초에 이르러서야 '아동기'라는 개

념이 생겨났다.[3]

고전물리학적 세계관은 우주에 대한 이해뿐만 아니라 정치, 경제, 교육 등 사회 전반에 지대한 영향을 끼쳤다. 이 세계를 정밀하게 조립된 기계로 보는 세계관과 거기에 근거한 교육관이 지난 2백 년 동안 학교교육을 지배해왔다. 근대적 교육관은 인과율의 법칙에 따라 아이의 학업 성취도를 정확하게 측정할 수 있고, 투입과 산출의 기계적 원리에 따라 아이를 원하는 모습으로 주조할 수 있다는 믿음 위에 서 있었다.

근대 과학은 아동관에도 많은 영향을 미쳤다. 인간의 성장 과정도 진화에 빗대어, 수태에서 출산에 이르는 과정이 생물의 진화 과정을 반복하는 것이며 아이들은 미숙한 존재에서 점점 완성된 인간으로 성장해간다는 발달론적 관점이 자리를 잡았다. 진화론은 열등 유전자를 제거함으로써 인간의 진화를 촉진할 수 있다는 우생학으로 이어졌고, 과학기술의 발달은 사회가 진보한다는 믿음을 심어주었다. 따라서 상대적으로 덜 발달한 것처럼 보이는 아이나 사회는 강제로라도 발달을 촉진하는 것이 바람직한 일로 간주되었다.

원자론에 기반한 고전물리학의 영향을 받은 근대 교육학은 아이도 원자와 같은 고정된 입자로 바라본다. 반면 양자물리학

---

3 필립 아리에스, 『아동의 탄생』, 문지영 옮김, 새물결, 2003.

은 관찰자로 인해 관찰 대상이 순간순간 바뀐다고 주장한다. 아이 또한 관계 속에서 끊임없이 변화하는 존재다. 집에서 부모와 함께 있을 때의 아이와 학교에서 친구들과 함께 있을 때의 아이 모습이 다르다. 교사의 태도에 따라 아이의 태도도 달라진다. '아동'이라는 세대 또한 시대에 따라 모습이 바뀐다. 정보화 시대의 아동은 농경 시대, 산업화 시대의 아동과 다를 수밖에 없다. 아이와 어른이 접근할 수 있는 정보의 경계가 흐릿해지면서 아동기의 경계 또한 점점 희미해지고 있다.

핀란드의 철학자이자 문학가로 아동기 담론을 해체하는 작업을 하고 있는 카린 무리스는 행위주체성을 인간의 속성이 아니라 관계 속에서 그때그때 상호 구성되는 것으로 본다.[4] 아이를 미숙한 존재가 아니라 지금 이 세계에 실재하면서 주변과 주체적으로 관계 맺는 존재로 보는 무리스의 철학은 양자역학적 세계관과도 통한다. 상황에 따라 아이도 얼마든지 주체로서 행동할 수 있으며 어른도 아이에게 배울 수 있다는 것이다. 아이에게도 어른 못지않게 성숙한 면이 있으며, 아동기가 끝난다고 해서 아이 같은 면이 아주 사라지지도 않는다. 그리고 '아이 같은 면'에도 양면성이 존재한다. 아이는 미숙한 면도 있지만 천진하고 호기심이 많은 자유로운 존재이기도 하다.

---

4 카린 무리스, 『포스트 휴먼 어린이』, 이연선 외 옮김, 살림터, 2021.

독이 되는 부모와 교사

한 초등학생이 국어시험 문제에 이렇게 답을 썼다.

문) 다음 문장에서 틀린 낱말을 바르게 고쳐 쓰시오.
　"헤헤, 맛있겠다. 나 혼자 먹어야지."
답) 나 혼자 　→　 같이

이렇게 답한 아이는 '틀린'의 의미를 출제자와 다르게 읽은
셈이다. 교사는 맞춤법이 틀린 낱말을 물었지만, 아이에게는 맛
있는 걸 혼자 먹으려는 그 욕심이 먼저 읽힌 것이다. 사회성보다
맞춤법을 더 중시하는 교사라면 이 아이의 답안을 틀린 것으로
평가하겠지만 교육의 본질이 좋은 이웃, 건강한 시민을 기르는
데 있다고 보는 교사라면 오히려 아이에게서 배울 것이다. 틀린
맞춤법이 먼저 눈에 들어오고, 출제자가 요구하는 정답이 무엇
인지 아는 것이 지성의 발달은 아니다.

　자신이 믿는 '좋은 삶'으로 아이를 인도하기 위해 자녀의 인
생 스케줄을 짜고 일거수일투족을 간섭하는 부모들은 기계론적
세계관에 갇혀 있는 것이다. 어떤 부모는 심지어 아이의 친구 관
계까지 개입하며 마치 영화 〈트루먼 쇼〉의 연출가처럼 아이의
인생을 설계한다. 자녀의 의사를 존중하는 척하면서 실제로는

자신의 뜻을 관철하고야 마는 부모도 있다. 그레고리 베이트슨의 이중구속 이론에 의하면 부모가 발신하는 모순된 메시지를 해독하느라 자기 내면의 진실을 거부해야 하는 상황에 놓이는 아이는 커뮤니케이션 능력에 치명적 손상을 입는다.

『독이 되는 부모』의 저자 수잔 포워드는 "부모의 말에 모욕감을 느끼면서도 '너를 사랑하기 때문에 그런다'는 말을 듣고 자란 아이들은 세뇌를 당한 것과 같다"고 말한다. 부모의 기대에 부응하지 못하는 자녀는 좌절감을 느끼고, 그럴수록 부모는 더 자녀에게 관심과 투자를 쏟으면서 기대를 키우는 악순환의 고리에 빠진다. 일본에서는 '독친毒親'이란 말이 널리 쓰일 정도로 이 문제에 대한 사회적 관심이 높다. 최근 〈독친〉이란 한국 영화가 개봉한 것은 우리 사회에서도 부모의 잘못된 사랑에 대한 문제의식이 확산되고 있음을 말해준다.

좋은 부모가 되고자 노심초사하는 부모 중에는 아이의 행동 하나하나를 지켜보며, 다 큰 아이를 마치 유치원생 대하듯 하는 경우가 있다. 이들은 아이를 덤덤하게 지켜보지 못하고 끊임없이 개입하고 주의를 준다. 아이들은 이런 부모의 말을 한 귀로 듣고 흘려버린다. '넘어지니까 뛰지 마'라는 부모의 말을 귀담아들을 중학생은 없다. 다 큰 자녀를 어린아이 대하듯 하는 부모는 걱정이 지나치게 많거나 좋은 부모가 되고 싶은 마음이 너무 앞서서 그럴 것이다. 하지만 지나침은 모자람만 못한 법이다.

자녀에게 지나치게 친절한 부모가 있듯이 학생들에게 지나치게 친절한 교사들이 있다. 좋은 교사가 되고 싶은 마음에서 그러겠지만, 학급당 학생 수가 줄어들어서 그렇기도 할 것이다. 먹고살기 바쁜 부모가 여러 명의 자녀들을 일일이 간섭할 여력이 없듯이 한 반 학생이 60명이 넘던 시절의 교사는 그러고 싶어도 그럴 수 없었을 것이다. 그 시절 아이들은 어느 정도 어른들 눈 밖에 방치된 채 숨 쉴 자유를 누릴 수 있었다. 아이들은 어른의 눈 밖에서 자란다. 아이와 적절한 거리 두기를 할 줄 아는 것은 좋은 부모, 좋은 교사가 갖추어야 할 자질이다.

"아이는 뭔가를 채워주어야 하는 존재가 아니라 그저 함께 살아가는 어린 사람"이다.[5] 아이를 미숙한 인간이 아니라 다른 눈으로 세상을 바라보고 사유하는 존재로, 내가 다 알고 있는 존재가 아니라 잘 모르는 낯선 존재로 바라보는 연습이 필요하다. 아이는 자라서 어른이 되어야 하지만, 인생의 모든 시절은 그 시절만의 온전함과 아름다움이 있다. 새싹의 아름다움이 꽃의 아름다움 못지않으며, 신록의 아름다움이 단풍의 아름다움만 못하지 않다. 인생의 화양연화 시절을 시험공부만 하며 보내게 하면서 아이의 발달을 이야기하는 것은 낯간지러운 일이다. 힘껏 자라서 기껏 취업 잘하는 것이 인생이라면 그런 발달을 원할 아이

---

5 유보라, '육아서를 버리고 육아가 가벼워졌다', 《민들레》 150호, 14쪽.

가 얼마나 있을까.

　생물학과 심리학, 뇌과학은 인간의 성장과정에 대해 많은 것들을 밝혀주었지만 성장을 곧 발달의 과정으로 보게 만들기도 했다. 애벌레가 고치가 되고 나비가 되는 과정을 '발달'의 과정으로 보기보다 '변화'로 바라보는 시각이 필요하다.『꽃들에게 희망을』우화집은 애벌레를 미숙한 존재로 묘사하고 있지만, 애벌레의 삶에는 나비의 삶에서는 볼 수 없는 뭔가가 있다. 눈 깜작할 사이에 지나갈 그 시간을 함께하며 그들을 돌볼 기회를 갖게 된 어른들이, 지난날 무심코 지나쳐버린 아름다운 순간들을 다시 음미하는 행운을 누릴 수 있기를!

(vol. 150, 2023. 11-12)

2부

스스로 서는 인생을 응원하며

아이들은 어른의 눈 밖에서 자란다

지금이 특별히 더 위험한 걸까

　노인들 사이에 유행하는 신종 부업이 '초등학생 등하교 도우미'라고 한다. 하루에 한두 시간 부모 대신 아이를 안전하게 등하교시키는 이 일은 체력적으로 크게 힘들지 않고 그에 비해 시급이 높은 편이라 인기가 급상승하고 있는데, 맞벌이 부부 중에 원하는 사람이 많아서 그 수요를 감당하기 어려울 정도란다. 아이의 일상을 돌보지 못하면서 직장 생활에 뛰어들어야 하는 부모 마음도 편치 않겠지만, 한편 아이들 스스로는 한 발짝도 내딛

장희숙 _《민들레》 편집장. 『재난의 시대, 교육의 방향을 묻다』, 『젠더감수성을 기르는 교육』 같은 책을 함께 썼다.

을 수 없을 만큼 정말 우리 사회가 그렇게 위험해졌을까 하는 의문도 든다.

독일의 사회학자 울리히 벡에 따르면, 과거에는 '인간의 존재 조건이 의식을 규정한다'고 여겨왔지만 이 시대에는 '의식이 인간 존재를 규정'하게 되었다. '위험하다'는 의식이 우리를 위험하게 만들고 있다는 것이다. 일상에서 일어나는 산발적인 사고 소식이 각종 미디어와 촘촘한 네트워크를 통해 순식간에 퍼지면서 위험에 대한 인식 또한 빠르게 확산되는 사회가 되었다. 자극적이고 선정적인 언론의 보도 방식도 '위험의 실체'를 부풀리거나 극단화하는 데 일조하고 있다. 어린 딸아이를 둔 젊은 아빠가 군대에서 발생한 폭력 사망 사고를 보고는 '아들이 아니라 다행'이라며 안도하다가, 다음 날 여중생 성폭행 뉴스를 보고 다시 가슴이 철렁한다는 식이다. 이런 사회를 살면서 불안하지 않으면 오히려 이상하고, 제 자식을 단속하지 않으면 무책임한 부모로 비치는 '위험 사회' 담론이 형성되면서, 우리는 실제로 위험을 '경험'하는 것보다, 위험해질지도 모른다는 사실을 '인지'하는 경우가 더 많게 되었다.

극대화되고 부풀려진 위험은 우리 삶의 어두운 그늘로 들어와 '위협의 수단'으로 사용되기도 한다. 불안을 채근하는 세상에서 부모들은 아이를 보호하기 위해 어디든 따라다니고, 자신이 그 곁을 지킬 수 없는 물리적 한계에 부딪히면 기술의 힘이라도 빌리게 된다. 아이를 보모에게 맡기고 출근한 뒤 집안에 설치한 CCTV를 지켜보거나, 위치 추적과 등하교 알림문자로 아이의 동선을 일일이 확인하고, 앱으로 아이의 스마트폰을 통제하면서 말이다. 학원이나 지역아동센터나 아이가 가는 곳마다 도착하면 문자를 달라고 요청하는 부모들이 있을 정도로 아이의 동선을 확인하는 것이 익숙한 문화가 되었다.

부모 입장에서는 이런 것들이 모두 '아이를 보호하기 위한 조치'이지만, 모든 행동을 어른들에게 일일이 확인 받아야 하는 아이들 마음은 어떨까. 딴 길로 새면 안 되고, 정해진 동선을 벗어나면 안 된다는 무언의 압력 속에 한참 왕성한 호기심을 접고, 부모가 원하는 대로 집과 학교, 학원만 뱅뱅 돌게 되지는 않을까.

험난한 세상에 아이를 마냥 내버려둘 수도 없지만 '안전을 지켜주고 싶은 어른들의 행위'는 '보호'와 '감시' 사이, 아슬아슬한 경계에서 줄타기를 하고 있다. '위험'을 규정하는 범위가 사람마다 다르다 보니, 어떤 부모에게는 친구들과 못 어울리는 것, 좋은 대학, 좋은 직장에 못 들어가는 것, 시시한 결혼 상대를 만나는 것까지가 모두 '위험 요소'가 된다. 이 모든 것으로부터 아이를 보호해야 한다는 지나친 책임감 속에는 아이의 삶을 제어하고 통제할 권리가 부모 자신에게 있다는 착각이 혼재해 있을지도 모르겠다.

내면의 세계가 자라는 시간

'자식이라는 미지의 세계'에 대해 궁금해 하는 것은 시대를 막론하고 이어져온 부모들의 심리다. 이전 세대 부모가 그 욕구를 충족시키는 방법은 기껏해야 아이 몰래 일기장을 들추거나, 친구와 주고받은 편지를 훔쳐보고, 전화 통화를 엿듣는 정도였다. 그러다 뭔가 통제해야 할 행동이 레이더망에 잡히면 소리를 지르거나 매를 들고, 그래도 안 되면 강제로 머리를 빡빡 밀거나, 라푼젤처럼 방에 가두어 못 나가게 하는 폭력적인 방법을 썼는데, 그 이유는 다만 그보다 세련되고 교양 있는 방법을 찾지 못했기 때문일 것이다.

오늘날은 세밀하고 정교하게 발달한 기술이 부모들의 알고 싶은 욕구, 통제하고 싶은 욕구를 뒷받침해주는 덕분에 예전처럼 무식한 방법을 쓰지 않아도 자녀를 다스리고 통제할 수 있게(있다고 생각하게) 되었다. 물론 이것이 '아이의 생각이나 의지를 바꾸었다'는 걸 뜻하지는 않는다. 사람의 욕구는 금지할수록 상승하며, 틈새를 빠져나가는 방법이 혁신적으로 진화하기 마련이다.

누군가가 지켜보고 있음을 아는 아이들의 가장 큰 문제점은 자기도 모르게 '타인의 관점'에서 행동하게 된다는 것이다. 아이들의 호기심은 타협으로 변형되어, '내가 이것을 정말 궁금해 하는가?' 같은 질문보다는 '어떻게 하면 어른을 만족시킬 수 있을까?' 하는 질문을 던지게 된다. 순종적이고 착한 아이들일수록 자기 욕구를 감추고, 지켜보는 어른이 만족할 만한 욕구에 자신을 맞춘다. 지켜보는 이가 막강한 권력을 가지고 있을 때는 더욱 그렇다.

어른들의 눈길을 교묘히 피한 아이들에게 뭔가 대단한 일탈이 있을 것 같지만, 사실 생각보다 별일이 일어나지 않는다. 친한 친구를 불러 놀거나 밤늦게까지 마음껏 텔레비전을 보거나 할 뿐인데, 그냥 어른이란 존재가 없다는 자체만으로도 아이들은 신이 나고, 그런 아이들을 보는 어른은 불안해한다.

특별히 무엇을 하기 위해서가 아니라, 모든 사람들에게는 혼자 있을 시간이 필요하다. 다른 사람의 시선으로부터 차단되어 오롯이 혼자 있을 때 아이들의 창의성과 상상력은 넓어지고 깊어진다. 엄마와 산책을 하던 다섯 살짜리 아이가 해 저무는 강가에 말없이 앉아 있기도 하고, 달리는 자동차 안에서 창밖을 바라보며 사색에 잠기기도 한다.

중학교 1학년 아이들이 시골에 있는 대안학교에 입학하면 가장 먼저 하는 일이 뒷산에 올라가 수풀을 헤치고 땅굴을 파서, '어른들이 모르는' 자기들만의 아지트를 만드는 것이다. 네댓 살 된 아이가 혼자 중얼거리는 걸 두고 뭔가 문제가 있는 건 아닌지 걱정하는 부모들도 많은데, 그건 내면에서 인간관계를 일구고 있는 중이라 심하지 않다면 방해하지 말고 두어야 한다. 일인 다역의 '내면의 독백'은 현실에서 미처 풀지 못한 대화를 연습하는, 지극히 당연한 발달과정이다. 그렇게 어른들 눈을 피해서, 부모들이 안 볼 때 아이들 내면의 세계는 무럭무럭 자란다.

어른들이 그렇게 들여다보고 싶어 하는 아이들의 고유한 내면은 안타깝게도 어른이 간섭하지 않는 자리에 존재한다. 넓은 곳을 놔두고 구석에 '짱박혀서' 노는 어린이들의 은밀한 심리를 잘 알았던 건축가 정기용 씨는 '기적의 도서관'을 설계할 때 곳곳에 숨어들어갈 수 있는 동굴 같은 공간을 만들어 공공기관에도 아이들의 사적인 영역을 만드는 새로운 시도를 보여주기도 했다.

신기하게도, 어릴 적 뛰어놀던 기억을 아무리 뒤적여도 그 속엔 아이들밖에 없다. 어른들은 밭에 있거나 가게에 있거나 회사에 있거나 제 할 일을 열심히 할 뿐이었고, 아이들은 저들끼리 모여 놀다가 싸움박질도 하고, 그러다 화해하기도 하면서 해가 지도록 뛰어놀며 자랐다. 그런데 요즘 흔히 볼 수 있는 놀이터 풍경은 놀이 기구 주변으로 어른들이 빙 둘러앉아 스마트폰을 들여다보는 틈틈이 아이들을 힐끔거리는 것이다. 아이의 행동이 포위망에 걸려들었을 때 던지는 지시어는 주로 뭘 하지 말라는 소리인데, "(더러우니) 눕지 마!", "(위험하니) 뛰지 마!", "(친구와) 싸우지 마!" 같은 말 속에 아이들에게 허용되는 건 딱 한 가지다. '재밌게 놀라'는 것(아무것도 안 하면서 재밌기란, 참 들어주기 어려운 요구다). 때로는 아이들 노는 것을 지켜보다가 "왜 쟤랑은 안 놀아. 같이 사이좋게 놀아야지!" 하면서 아이들 관계에 적극 개입하는 부모도 있다. 소외된 아이 없이 두루 잘 지냈으면 좋겠다는 선의의 간섭이지만 아이들 입장에서는 이 또한 맘대로 놀지 못하게 만드는 방해 요소일 뿐이다.

제 삶을 살아보게 내버려두기

항상 어른이 곁에서 버티고 있어야 할 것처럼 연약해 보이는 존재지만, 아이들은 생각보다 용감하고 생각보다 스스로를 지켜내는 힘이 강하다. 오히려 어른이 없을수록 아이는 자기 삶에 책임감을 느끼며, 위험 상황에 진지하게 대처할 줄 안다. 내가 여행길에서 만난 아이들, 동생을 데리고 강가에 나와 제 손으로 빨래를 하던 필리핀 소녀나 히말라야 중턱에서 야크 떼를 진두지휘하던 네팔의 여덟 살 소년은 어린 나이에도 '제 역할'을 해내는 당당함을 보여주었다. 이 아이들은 스스로 삶을 살아갈 기회를 얻었고 그 능력을 한껏 발휘하는 것뿐인데, 과잉보호 문화에 익숙한 타국의 어른이 지레 연민의 눈으로 '아이고, 저 고사리 같은 손으로…' 하고 바라볼 뿐이었다. 서른이 넘은 딸의 회사에서 내준 과제를 부모가 대신 해주고 있는 한국 사회에서는 상상조차 못할 일이니 말이다.

살다보면 그리워지는 어린 시절이 있다. 내겐 혼자 집으로 돌아오던 하굣길이 그렇다. 버스에서 내려서도 삼십 분 넘게 걸어 들어가야 했던, 어린아이에게는 너무 먼 시골길이었다. 버스를 잘못 타서 눈물을 쏟기도 하고, 차비를 잃어버려 두어 시간 걸어 오기도 하고, 집에 도착할 시간을 계산해 머릿속으로 한 편의 이야기를 지어내기도 하면서, 험난한 세상에 혼자 서는 법을 배웠다. 어른이 되고 보니, 학교에서 배운 것보다 학교를 오가면서 보냈던 그 혼자만의 시간이 내겐 빛나는 삶의 보물이 되었다.

요즘 세상에 혼자 먼 길을 걸어본 아이가 있을까. 누구에게도 방해받지 않고, 오롯이 자기의 무게를 등에 지어본 아이가 있을까. 학원 뺑뺑이 도는 것 말고, 어른의 허락을 구해야 하는 정해진 놀이 말고, 어른이 된 이 아이들에게는 어린 시절의 어떤 기억이 남아 있을까.

아이들을 옭아매는 현실보다 더 두려운 것이 있다. 지금은 어른들의 숨막히는 통제에 발버둥치며 저항이라도 하지만 언젠가는 거기에 길들여진 아이들이 '놀고 싶은 마음'마저 잃게 되지나 않을까 하는. 놀면서도 공부 때문에 불안하다는 아이들, 피곤해서 놀 힘조차 없다는 요즘 아이들을 보면서 현덕의 『너하고 안 놀아』라는 동화책이 떠오른다. 1930년대에 쓰인 이 동화에는 한 동네에 사는 노마, 기동이, 영이, 똘똘이가 등장한다. 부잣집 아들 기동이가 비싼 장난감을 가지고 으스대다 따돌림을 받고, 다시는 안 놀 것처럼 서로 싸우기도 하지만 아이들은 그보다 더 오랫동안 온갖 놀이를 만들어내며 함께 어울린다. 이들의 생생한 세계를 가만히 엿보며 가슴 깊이 정화되는 느낌을 받았던 건 책 속에 단 한 번도 어른이 등장하지 않기 때문이란 걸 마지막 책장을 덮을 때야 알았다. 어른이란 존재가 그림자처럼 따라다니는 요즘 아이들에게 필요한 것은 '어른이 사라진 그들만의 기억'일지도 모르겠다.

(vol. 95, 2014. 9-10)

아이는 부모 하기 나름일까

같은 부모, 다른 아이들

여섯 살 딸아이와 네 살 쌍둥이 아들들. 세 아이를 바라보고 있으면 신기하다. 똑같이 내 배에서 태어났는데 어쩜 저렇게 다르지? 같은 부모에게서 태어나 같은 집에서 자라는데도 아이들이 서로 다른 성격을 갖고 커가는 것을 보면서 궁금해졌다. 인간이 가진 특성의 차이는 유전 때문일까, 환경 때문일까.

교육학에서는 좋은 환경을 조성해주고 아이들을 바른 방향

이인진 _ 세 아이를 키우며 고등학교에서 수학을 가르치고 있다. 독서모임 '하두하두(하늘이 두 쪽 나도 하루에 두 쪽 읽기)'를 4년째 이끌고 있다.

으로 이끌 수 있게 행동을 교정하면 아이가 바르게 자란다고 한다. 인간은 마치 백지와 같은 상태로 태어나기 때문에 부모가 어떻게 키우느냐에 따라 다른 인간으로 자라날 수 있다고 말하는 사람도 있다. 누군가는 이렇게 말하기도 했다. "나에게 10명의 아기들을 데려온다면 내가 그 아이들을 각각 의사, 법률가, 광부, 건축가로 키워보겠다"고. 다행히 그에게 아기를 데려간 사람은 없었다.

대부분의 육아서들은 부모가 어떻게 해주면 아이가 어떻게 된다는 식의 인풋에 관한 이야기가 주를 이룬다. '부모가 아이에게 이렇게 해주었더니 아이가 이렇게 잘 컸다'라는 말은 곧, '아이는 부모 하기 나름'이라는 가정 위에 서 있다. 그래서 자녀가 사회적으로 성공하면 그 부모가 육아서를 쓰는 경우도 많다. 그러나 그런 육아서에 '받아들이는 아이들의 차이'에 대한 이야기는 거의 없다.

나도 처음 아이를 낳고서는 육아서를 열심히 읽었다. 내가 노력하는 만큼 아이가 더 잘 크리라 믿었기 때문이다. 육아의 정답을 찾아 배워서 내 아이들에게 적용하면 되겠지 싶었는데… 이상하게 안 통했다. 지금 생각하면 당연한 건데, 이 아이에게 맞는 육아 방식이 저 아이에게는 맞지 않았다. 문제는 육아에 어려움이 생기면 내가 뭔가를 잘못한 게 아닌지 불안해진다는 거였다. 아이에게 화라도 낸 날이라면 미안함과 죄책감에 시달렸다.

내가 아이에게 나쁜 영향을 주어 혹시나 잘못 자라는 건 아닐지 걱정했고, 이런 걱정이 늘어날수록 육아의 즐거움은 줄어들고 자꾸 주눅이 들었다.

그러다가 두 권의 책을 만나고는 '부모가 아이의 삶에 절대적인 영향을 준다'라는 생각이 어쩌면 잘못된 것일 수도 있다는 걸 알게 되었다. 바로 『나는 가해자의 엄마입니다』와 『양육가설』이다.

문제 아이에게는 문제 부모가 있다?

1999년 미국의 콜럼바인 고등학교에서 끔찍한 총기 난사 사건이 일어났다. 3학년 학생인 에릭과 딜런은 학교에서 총기를 난사해 12명의 학생과 한 교사를 죽이고 21명을 다치게 했다. 『나는 가해자의 엄마입니다』의 저자는 이 사건 속 딜런의 어머니인 수 클리볼드다.

처음 이 책의 제목을 보고는 읽고 싶지 않았다. '어떻게 뻔뻔하게 책을 쓸 수 있지? 아이를 잘못 키워서 여러 사람 목숨을 앗아가게 했으면서, 무슨 할 말이 있어?'라고 생각했기 때문이다. 그러나 이 책을 다 읽고는 내 생각이 틀렸음을 알게 되었고 그런 시선으로 저자를 바라본 것을 반성했다. 이 책을 읽기 전까지만 해도 '문제를 일으키는 아이가 있는 가정에는 반드시 문제 있는 부모가 있다'고 생각했다. 총기 난사범이라면 아마도 부모가 아이를 방치했거나 아니면 반대로 억압적으로 양육했을 가능성을 상상했다.

그러나 아니었다. 딜런은 화목하고 따뜻한 가정에서 부모의 사랑과 지지를 받고 자란 아이였고, 친구들과의 관계도 좋았다. 총기 난사 전에는 입학 예정인 대학교에 다녀오기도 했고 졸업 파티에도 즐겁게 참석했다. 그러나 그 후 아무도 예상치 못하게 총기를 난사해 수십 명의 친구들과 교사를 해치고 스스로 생을 마감했다. 자신이 그런 계획을 갖고 있다는 것을 다른 어른이나 부모가 알아차리지 못하게 완벽하게 숨겼다.

정상적인 가정에서 부모의 사랑과 존중을 받으며 제대로 된 교육을 받아도 아이가 아무런 전조 증상 없이(부모가 알아차리지 못하게) 학교에서 총을 난사할 수도 있다. 이 책을 읽으며 가장 두려운 점이 이거였다. 부모의 잘못이 없음에도, 혹은 부모가 알아차리지 못한 상태로 아이의 삶이 망가질 수도 있다는 사실이 냉혹하게 느껴졌다.

최근 우리나라에서도 몇 차례 칼부림 사건이 일어났다. 만약 우리나라가 총기 소지를 허용하는 나라였다면 미국과 같은 사건이 일어나지 않으리라는 보장이 없다. 왜 이런 일들이 일어나는 걸까? 만약에 그 부모에게 잘못이 없다면 대체 무엇이 잘못되었기 때문일까?

저자는 이 책에서 평생에 걸쳐 자신의 아들 딜런이 남긴 기록과 함께 자신의 교육이 실패한 원인을 찾아간다. 그 과정을 통해 청소년기의 우울증과 뇌장애, 친구와의 관계로 인한 뇌 기능 악화 등의 심각성을 알게 된다. 저자는 변명하지도, 아들을 옹호하지도 않고 오직 참회하는 마음으로 그러한 발견들을 생생하게 기록했다.

그녀는 남은 인생 동안 자신의 아들이 앗아간 이들의 삶을 기리고 다시는 이런 일이 재발되지 않도록 돕는 것을 사명으로 생각했다. 사건 이후 20년이 지난 지금까지도 저자는 자살방지운동에 적극적으로 참여하고 뇌 건강에 대한 관심을 촉구하고 있다. 그녀는 말한다. 부모인 당신도 자신의 아이에 대해 완벽히 알 수는 없으며, 뇌질환과 자살 성향에 대해서는 부모의 관심이 필요하다고.

부모의 영향력은 절대적인가?

또 다른 책『양육가설』에서 저자는 흔히 아무런 의심 없이 받아들이는 '부모가 아이들을 기르는 방식이 아이의 삶에 결정적인 영향을 미친다'는 생각을 '양육가설'이라 지칭하고, 이것이 진리가 아님을 다양한 사례를 통해 밝힌다. 이 책을 쓴 주디스 리치 해리스는 원래 아동발달에 관한 대학 교재를 집필하던 사람이었는데, 흔히 알려진 양육가설의 증거들이 오독되었음을 깨달은 후 교과서 쓰기를 그만두고, 사람들이 당연하다고 생각하는 양육가설의 진실을 연구하기 시작했다.

저자는 "부모의 양육 방식이 아이들의 성장 과정을 결정하지 않으며, 아이들은 부모를 통해 사회화되지 않는다"고 말한다. 처음에는 이 주장을 받아들이기가 어려웠다. 천동설을 믿고 살던 사람들이 지동설을 만났을 때 이런 느낌이었을까?『양육가설』의 서문을 읽으며 진리라고 굳건히 믿고 있던 것들이 흔들리는 걸 느꼈다.

저자는 교육학에서 암묵적으로 받아들이는 양육가설 실험의 근거가 얼마나 취약한가에 대해 하나씩 짚어간다. '부모의 양육 방식에 따라 아이들이 어떻게 달라지는가'에 관한 실험은 마치 '브로콜리를 많이 먹는 사람이 건강하다'는 실험과 비슷한 오류가 있다고 지적한다. 즉, 브로콜리 섭취 횟수와 건강과의 상관관계를 인과관계로 착각하는 거다. 브로콜리를 자주 먹는다는 건 음식을 골고루 섭취할 수 있는 경제적·시간적 여유가 있음을 뜻하고, 그런 사람은 건강관리(운동, 건강검진 등) 또한 꾸준히 하고 있을 가능성이 높다.

마찬가지로 양육가설 또한 인과관계가 아니라 상관관계일 수 있다. '집에 책이 많고, 부모가 책을 자주 읽어주고, 민주적으로 아이를 대하는 가정의 아이가 성공적이다'라는 결과는 부모가 읽어주는 책의 양이 원인이 아닐 수 있다. 책을 좋아하는 만큼 정적인 부모 기질이 아이에게 유전된 것일 수도 있고, 친구들이 책 이야기를 주로 하는 분위기라 자기도 친구들과의 대화에 참여하려고 집에서 책을 보는 것일 수도 있다.

또 지금까지 교육학에서 '부모의 양육 방식의 차이가 자녀에게 어떤 영향을 주는지'에 대한 연구가 주류를 이룬 것에 비해 이러한 연구에서 배제된 실험들도 있다고 저자는 지적한다. 즉, 양육가설이 성립하지 않는 사례들도 많다. 태어나면 바로 유모의 손에 맡겨져 부모와 떨어져 자라는 영국 귀족의 자녀들이 대표적인 사례다. 그들은 하루의 절대 시간을 유모와 함께 보내면서 자라고, 조금 크면 기숙학교에서 지내느라 부모와 함께하는 시간이 별로 없지만, 성인이 되면 완벽히 자기 아버지, 어머니와 똑같은 말투와 문화를 갖게 된다. 어린 시절을 함께 보낸 유모의 말투나 행동이 아니라 양육에 거의 참여하지 않은 부모를 닮는다는 사실은 양육가설로는 설명하기 힘들다.

한편 이민가정 자녀들의 사례 또한 양육가설로는 설명하기 어렵다. 고국의 언어와 문화를 잊지 않기 위해 부모가 가정에서 아무리 노력해도 아이들은 빠르게 새로운 환경에 적응하면서 어린 시절에 습득한 언어와 문화를 잃어버린다. 이러한 사례들은 양육가설로는 설명할 수 없음에도 지금까지의 연구에서는 배제되었다.

이처럼 양육가설이 그저 하나의 신기루임에도 그로 인해 생기는 폐해는 너무나 뚜렷하다. 만약 아이가 행복하지 않거나, 똑똑하지 않거나, 정서적으로 불안하다면 그 부모는 죄책감을 느낄 뿐만 아니라 그에 더해 공동체 전체로부터 비난의 화살까지 받는다는 구절을 읽으며 '희생자 비난하기'가 떠올랐다. 어쩌면 세상이 부모를 너무 혹독하게 몰며, 부모가 할 수 없는 부분까지 탓해온 건 아닐까.

그렇다면 누가 아이들의 성격과 사회성에 더 많은 영향을 미치는가? 저자는 아이들이 어떻게 사회화되는지를 '집단사회화 이론'으로 설명한다. 이 이론은 아이들이 부모가 아니라 또래 집단 속에서 사회화된다고 본다. 인간의 무리짓기 본능과 범주화 성향을 인류 진화의 역사와 함께 설명하면서 인간이 왜 집단으로 무리짓고 살게 되었는지, 그 과정에서 어떻게 사회화되었는지를 살핀다.

부모의 영향력이 아무리 크다 한들 또래가 미치는 영향력이 더 클 수 있다는 말에 『나는 가해자의 엄마입니다』의 한 대목이 떠올랐다. 딜런은 에릭과 2인조였기에 총기 난사를 할 수 있었다는 얘기다. 성인 총기 난사범들이 대부분 홀로 범행을 저지르는 데 비해 10대는 25%가 2인으로 움직인다는 것이다. 이 2인조의 경우 보통 한 명은 사이코패스이고 다른 한 명은 심한 의존적 성향과 우울에 시달리는 유형이다. 만약 시간을 돌릴 수 있다면 그 둘을 떨어뜨리는 것이 도움이 될지도 모르겠다는 생각이 퍼뜩 들었다. 부모가 어떤 교육을 집에서 하느냐보다 아이와 친구의 역학 관계를 알아차리는 것이 더 중요하다는 것을 이 두 책에서 공통으로 말하고 있다.

내 아이를 잘 키우기 위해서는

『양육가설』을 덮으며 '그렇다면 부모 탓이 아니라 친구 탓이란 말인가'라는 생각이 제일 먼저 들었다. 그러나 이 책은 '친구를 잘 사귀어야 한다'는 말로 쉽게 요약할 수 있는 책이 아니다. 인간이 자아를 형성하는 방식과 사회화되는 과정이 단순하지 않음을, 인간은 순수한 백지나 부모 마음대로 주물러지는 무언가가 아니라 고유한 욕망과 필요를 지닌 존재임을 알려준다.

육아는 일방향이 아니라 쌍방향이다. 부모가 자녀에게 영향을 주는 만큼 자녀도 부모에게 영향을 줄 수 있고, 이 책에서는 그러한 영향을 '자녀-부모 효과'라고 부른다. 새로운 용어는 새로운 시각을 갖게 도와준다. '자녀-부모 효과'라는 용어로 이해할 수 있는 현상들이 있다. 예를 들어, 자녀가 겁이 많고 소극적인 기질이면 부모는 자녀의 활동이나 새로운 시도를 격려하지만, 자녀가 지나치게 활동적인 기질이면 부모는 아이를 통제하려고 애쓴다. 이처럼 자녀의 기질이나 성향에 따라 부모가 다른 육아 방식을 선택하게 되는 것이다.(이러한 '자녀-부모 효과'를 무시한 채 어떤 육아 방식이 옳다 그르다 단언할 수는 없다.)

저자는 책의 말미에 이렇게 말한다. 부모의 영향력이 절대적이지 않다는 사실을 통해 육아가 좀 더 쉬워지고 부모들이 스트레스를 덜 받기를 바란다고. 나는 저자가 말하고자 한 바를 조금은 이해했다. 내 아이들 또한 내 몸을 통해 태어났지만 나의 일부는 아니다. 출생과 동시에 탯줄이 끊어졌음에도 여전히 영양분이나 독소가 전해질 거라고 착각했던 것은 아닐까.

한편, 양육가설의 대안으로 제시된 '집단사회화 이론'을 접하면서 내 아이가 잘 자라려면 무엇보다 아이 주변의 다른 아이들을 보살피고 그들이 엇나가지 않게 도와주는 어른의 역할이 중요하다는 생각이 들었다. 내가 할 일은 그러니까, 생각보다 단순하지 않았다. 내 아이가 잘 크려면 이웃의 아이들도 함께 잘 커야 한다. 결국 인간은 함께 살아가는 것이므로. 학교에서 아이들을 가르치는 사람으로서 내가 학교에서 만나는 아이들이 잘 성장할 수 있도록, 좋은 교우관계를 맺고 건강한 사회성을 기르도록 도와주는 것이 궁극적으로는 내 자식들이 잘 자랄 수 있게 만드는 길이라는 깨달음이 생겼다. 교사로서의 정체성과 아이를 키우는 엄마로서의 정체성이 이어지는 순간이었다.

날마다 느끼는 거지만, 아이는 부모 마음대로 되지 않는다. 아이들은 미래에 속해 있고 부모는 현재에 속해 있다. 『양육가설』첫 장에 나오는 칼릴 지브란의 시를 다시 읽어본다.

......

자녀들은 당신을 통해 왔으나 당신에게서 온 것은 아닙니다.

당신과 함께 있으나 당신의 소유는 아닙니다.

그들에게 사랑을 줄 수는 있으나 생각을 줄 수는 없습니다.

그들에게는 그들만의 생각이 있기 때문입니다.

그들의 몸을 가둘 수는 있지만 마음까지 가둘 수는 없습니다.

그들의 영혼은 내일의 집에 거하기 때문입니다.

그곳은 당신이 꿈속에서라도 방문할 수 없는 곳입니다.

당신이 그들처럼 되고자 할 수는 있겠으나

그들을 당신처럼 만들지는 마십시오.

삶은 거슬러 가지도 않으며 어제에 머무르지도 않기에.

(vol. 150, 2023. 11-12)

육아서를 버리고
육아가 가벼워졌다

뒤늦게 읽기 시작한 육아서

스물일곱에 결혼해 아이 넷을 짧은 터울로 낳았다. 특별한 각오나 이렇다 할 계획이 있었던 건 아니다. 결혼을 했으니 아이를 낳았고, 아이를 낳으니 엄마가 되었다. 결혼부터 육아에 이르는 모든 과정이 반드시 통과해야 하는 삶의 관문이라 생각했고, 무탈하게 그 과정을 통과하고 있는 것만으로도 안도했다. 다행히 나는 생각보다 능숙하게 육아를 해냈고 아이들은 발달과정에

유보라 _ 4남매를 키우며 읽기와 쓰기에 기대어 살아간다. 『우리 같이 볼래요?』 공저자로 참여했다.

맞춰 건강히 잘 자라주었다. 돌아보면 참 평온했던 시절이었다. 책을 읽기 전까지는.

넷째가 백일쯤 되었을 때 갑자기 들이닥친 우울과 불안 때문에 책을 읽기 시작했다. 뭐라도 하지 않으면 견딜 수 없을 것 같아 선택한 것이 독서였고, 처음 접한 책은 정신과의사 이무석의 『자존감』이었다. 책은 시간을 거슬러 불우했던 나의 유년시절을 돌아보게 했고, 모른 척 숨겨두었던 내 안의 어두운 그림자를 하나씩 꺼내어 보여주었다. 불안했다. 아이들도 나처럼, 어느 날 갑자기 사랑받지 못했던 유년시절을 떠올리며 힘들어할까봐 두렵고 무서웠다.

느닷없이 마주한 '내 안의 어린아이'는 자연스레 독서의 방향을 심리학, 철학 책 쪽으로 이끌었다. 고개를 주억거리고, 무릎을 치고, 눈물을 훔치고, 책장의 모서리를 쉼 없이 접고 또 접는 동안 아이를 잘 키워야 한다는 강박이 내 안에서 무섭게 자라났다. 불완전한 나를 마주할수록 좋은 엄마가 되고 싶었다. 아이들의 행복이 오로지 내 손에 달려 있다 믿었다.

그때부터 육아서란 육아서는 죄다 찾아 읽기 시작했다. 닥치는 대로 읽으며 거기서 제시하는 것들을 노트에 옮겨 적었다. 이를테면 아이가 울 때는 '왜 울어?'라고 하지 말고 '무슨 일이니?'라고 물음으로써 아이의 감정을 이해해줘야 한다든가, 함께 웃고 끌어안고 감탄하면서 신체를 통해 기쁨을 나눠보라든가, 불

필요하게 아이의 행동을 제지하지 말라든가….

'좋은 부모'라는 목표가 일종의 강박으로 자리잡자 육아는 자연스러운 일상이 아니라 매일 최선을 다해서 해내야 하는 숙제가 되어버렸다. 나는 날마다 노트에 적어놓은 것들과 현실에서의 내 모습을 비교하고 검열했다. 아이들에게 괜한 짜증이라도 낸 날엔 자책하고 후회하느라 밤새 뒤척였고, 그러고 나면 어김없이 좋은 엄마가 되기 위한 결심의 목록이 늘어났다. 아이의 의견을 물어볼 것, 명령조로 말하지 말 것, 같은 말을 반복하지 말 것, 참고 기다려줄 것, 아이의 입장에서 생각할 것….

본래 좀 무뚝뚝한 성격이라 표현에 서툰 편이었는데, 육아서를 읽고 나서는 아이를 향한 서툰 애정 표현이나 단조로운 반응이 풀리지 않는 숙제가 되어 괴로움이 더해졌다. 하루 종일 아이들과 한바탕 전쟁을 치르고 나면 침대에 몸을 던지자마자 스르륵 잠이 들곤 했는데, '좋은 부모'를 좇으면서부터 육체의 고단함과 상관없이 불면의 밤이 늘어났다. 낮에 아이에게 했던 말과 행동을 떠올리며 베개에 머리를 처박고 울었다. 지키지 못할 결심과 계획을 수두룩하게 만들어놓고 그 안에 나를 욱여넣은 결과였다. 좋은 부모가 되고 싶어 육아서를 읽었는데, 되려 전에 없던 불안과 우울에 빠져 허우적거렸다.

'너를 위한다'는 거짓말

연년생 4남매를 키우느라 정신이 없던 어느 날, 첫째가 가르쳐 주지도 않았는데 띄엄띄엄 글을 읽기 시작했다. 다섯 살이 되었을 땐 혼자서 책을 읽고 글씨를 쓰며 놀았다. 어느 날부턴가 아이는 시를 쓰고, 그림을 그렸다. 일곱 살이 되었을 땐 어린이집 가방에 『한국사 편지』라는 역사책을 넣어 다니기 시작했다. 아이는 어린이집에서 친구들이 낮잠을 잘 때 책을 읽었다. 내 아이가 특별해 보이기 시작했다. 욕심이 생겼다. 특별해 보이는 아이가 더 특별해지길 바랐다. 그때부터는 교육에 관한 각종 육아서를 섭렵하기 시작했다. 하브루타, 핀란드 교육, 그림책 육아, 인문학 교육서, 양육자에 관한 법륜스님의 저서와 율곡 이이의 『격몽요결』까지. 시중에 나와 있는 교육 관련 책은 가리지 않고 읽었다.

시키지 않아도 혼자 책을 읽던 일곱 살 아이를 내 옆에 앉혀두고 함께 책을 읽기 시작했다. 매일 저녁엔 『논어』를 한 페이지씩 필사했고, 소리내어 읽게 했다. 생각하는 힘을 길러준다며 책을 읽고 난 뒤엔 독후평 쓰기도 시켰다. 사교육의 선택권이 없는 면 소재지에 살면서 내가 아이를 위해 해줄 수 있는 건 오로지 책으로 하는 학습이었다. 문제는 '욕심'이 만들어낸 계산된 읽기였다는 것. 시간이 갈수록 분주해지는 내 마음과 다르게 아이는 더 이상 그림을 그리거나 시를 쓰지 않았다. 함께 읽은 책에 대해 물으면 입을 꾹 다물어버렸다.

아이에게 말했다. "그럴 수 있어. 하지만 하기 싫어도 해야만 하는 일들이 있어. 지금은 재미없는 것들도 나중엔 다 네게 도움이 될 거야"라고. 이제 와 돌아보면 예쁘게 치장한, 지독한 잔소리였다. 아닌 척했지만 실은 내 아이가 옆집 아이보다, 학교의 수많은 다른 아이들보다 특별하게 빛나길 바랐다. 그러다 알았다. 자식을 향한 욕심은 스스로 만족스럽지 못한 나를 견디는 방법 중 하나일 수도 있다는 걸.

아이에게서 나에게로 관심 돌리기

그걸 알고부터는 아이들을 향했던 관심을 '나'에게 돌리려 부단히 노력했다. 육아서 대신 내가 좋아하는 책을 읽고, 좋은 엄마 내신 더 나은 내가 되기 위해 고민했다. 반찬의 가짓수를 줄이고 집 안을 조금 덜 치우면서, 남는 시간은 무조건 나를 위해 썼다. 육아용품과 장난감만 가득했던 집 한구석에 나를 위한 공간도 만들었다. 그곳에서 많은 시간을 보냈다. 책을 읽고, 강의도 듣고, 글도 쓰고, 영화도 보고, 차도 마시면서.

혼자 씻었다며 욕실을 걸어나오는 아이의 머리에 샴푸 거품이 남아 있어도, 방금 닦은 손에서 구정물이 뚝뚝 떨어져도, 늘장을 부리다 세수를 못하고 어린이집에 가도, 양말을 짝짝이로 신어도 내버려뒀다. 스스로 해야 한다고 생각하는 일은 서툴러도 혼자 하게 두었다. 밥을 챙기고, 계절에 맞는 옷을 꺼내주고, 병원에 가는 것처럼 아이의 생활에 필요한 최소한의 것들만 해줬다. 그래도 아이들은 잘 자랐다. 건강했고, 잘 웃었고, 잘 먹고 잘 놀았다. 나를 위해 시간을 쓰는 것에 가끔은 묘한 죄책감과 불안이 따라붙을 때도 있었지만 대부분의 시간은 편안했고 즐거웠다. 지금도 그렇게 살아가는 중이다.

내 상처의 옹이구멍으로 아이들을 바라보며 오랜 시간 홀로 분투를 하고 나서야 알았다. 부모에게 상처받았지만 그것만이 나의 전부는 아니었던 것처럼, 아이들에겐 내가 모르는 또 다른 세상이 있을 수 있다는 걸. '다 너를 위한 거야'라고 했던 부모님의 최선이 나의 행복과는 무관했던 것처럼, 내가 아무리 애를 써도 아이는 다른 이유로 불행할 수 있고, 반대로 내가 크게 애쓰지 않아도 아이는 행복할 수 있다는 걸 말이다. 나만 잘하면, 내가 좋은 엄마이기만 하면 아이는 반드시 행복할 거란 생각은 얼마나 큰 착각이었던 걸까.

지금 내 책장엔 육아서가 꽂혀 있지 않다. 그렇게 '핫'하다는 금쪽이 프로그램도 보지 않고, 더는 오은영 박사 책도 읽지 않는다. 좋은 부모가 되었다고 생각해서가 아니다. 내가 아이들의 슈퍼히어로가 되어줄 수 없다는 것을 알아서다. 아무리 애를 써도

막을 수 없는 절망과 슬픔, 불행의 순간이 아이들을 스쳐갈 것이고, 아이들은 나름의 방법으로 그 시간을 통과할 것이다. 내가 붉은 망토를 휘날리며 아이들을 보호하지 않아도 스스로의 힘으로 말이다.

그래서 오늘도 나는 육아서 대신 나를 위한, 내게 즐거움을 주는 책을 읽는다. 아이들의 마음이 다칠까 노심초사 나의 말이나 행동을 검열하는 일을 멈추고, 아이들의 모든 것을 책임지려는 마음을 내려놓은 뒤로는 의식적으로 아이들의 행복과 불행에 대해 생각하지 않는다. 육아에 목표 같은 것도 없다. 그저 나는 나의 세상을, 아이들은 아이들의 세상을 만들어가면 된다. 서로가 서로에게 전부가 되지 않도록 각자의 세상을 넓혀가다 보면 최소한 불행보단 행복에 가닿는 날이 더 많을 거라 믿는다.

'좋은 엄마' 말고 '좋은 사람' 되기

심윤경 작가의 『나의 아름다운 할머니』에 이런 말이 나온다. "자식 문제에서는 머리를 쓰는 것보다 안 쓰는 것이 더 어렵다." 이 말은 정말 맞다. 자식과 거리를 두는 것, 아이에 대한 기대를 내려놓는 것, 아이를 자식이 아니라 한 사람으로 바라보는 것은 얼마나 어려운 일인가. 그래서 나는 "누군가를 더 깊이, 오래 사랑하기 위해선 일정한 거리가 필요하다"는 정여울 작가의 말을 떠올리고 되뇐다.

그리고 적당한 거리를 유지하기 위해 내 삶을 향한 관심을 꺼트리지 않으려 노력한다. 내게 관심을 두면 자식 문제에 어느 정도는 초연해진다. 내게 몰두해서가 아니라, 생각하면 할수록 내가 얼마나 부족하고 서툰 사람인지 알게 되기 때문이다. 부족함을 알면 함부로 참견하거나 조언하지 못한다. 내가 아는 지식이, 내가 만난 세상이 전부가 아니라는 것을 알기에 섣불리 아이의 삶에 끼어들지 못한다. 나 하나 건사하는 것도 힘들어 쩔쩔매는데, 누가 누구를 가르친단 말인가.

좋은 엄마가 되겠다는 목표로 육아서에 빠져 있을 때 내게 아이는 애써 무언가를 가르쳐주고 채워줘야 하는 존재였다. 아이의 정서부터 교우관계, 생활예절, 학습까지. 막중한 책임감이 더해진 관심과 사랑은 일상의 다정함을 앗아갔고, 그 자리에 불안하고 경직된 마음을 가져다 놓았다. 육아서를 버리고 다양한 책을 읽으며 나에게 집중하기 시작했을 때, 아이는 무언가를 채워줘야 하는 존재가 아니라 그저 함께 살아가는 '어린 사람'이 되었다. "배움과 성장에는 엄청나게 다양한 경로가 존재하며, 어떤 조건이 결과를 보장하지 않는다"는 김찬호 교수의 말을 그제야 이해하고 받아들일 수 있게 된 거다.

종종 엄마들과 이야기를 나누다 보면 자식을 꽉 움켜쥐고 있는 것이 보인다. 대개 그런 사람들은 아이에 대해 말할 때면 확신에 차 있다. 단언하고, 규정한다. 너무 잘 알아서, 너무 잘 보여서 괴롭다고 한다. 아이의 미래가 그려지기 때문이란다. 어떤 사람으로 자랄 거라는 추측, 어떤 부분에서 지지부진할 거라는 예상 같은 것. 확신에 찬 상상은 마치 집을 둘러싼 담벼락 같은 거라 쉽게 무너지지 않는다. 엄마들은 그 안에서 아이에게 최적화된 삶을 주고 싶어 한다. 부족한 부분은 채워주고, 넘치는 부분을 덜어내면서 서랍을 정리하듯 아이의 삶을 정리하고 싶어 한다. 아마 그럴 수 있다고 믿기 때문일 거다.

그러다 아이에 대한 증오와 애정이 마구 뒤섞이는 밤이면 전화가 걸려온다. 아이 때문에 너무 괴롭다는. 시간을 들여 애쓰고 노력하는데 나아지는 것이 없다는 거다. 그런 전화를 받는 날이면 예전의 나를 떠올리게 된다. '자식 위하지 않는 부모 없다'는, 그 선하디선한 말에 기대어 아이를 향한 욕심이 끝까지 사랑이라 믿고 싶었던 나. 받고 싶은 사랑보다 주고 싶은 사랑에 골몰하던 나.

아이를 향한 유난스런 사랑에 내가 먼저 데여 주저앉았을 때 다시 나를 일으켜 세워준 건 육아서가 아니라 소설이었다. 오로지 아이와 양육자에만 초점이 맞추어진 육아서와 달리 소설은 '사람'에 대해 이야기해줬다. 그제야 나는 엄마가 아닌 나, 나아가 여성이 아닌 한 사람으로서의 삶에 대해 고민해볼 수 있게 되었다.

시행착오 없이 좀 더 일찍 그런 깨달음을 얻을 수 있었다면 좋았겠지만 그래도 괜찮다. 비장하게 사랑하다 격렬하게 전사했던 시간 속에서 한 가지는 확실하게 배웠기 때문이다. '좋은 엄마'는 '좋은 사람'을 뛰어넘을 수 없고, 완벽한 엄마 같은 건 존재하지 않는다는 것. 그리고 또 하나, 육아에 문제를 일으키는 건 언제나 결핍보단 과잉이었다는 것.

그러니 무언가를 채우려 하기보다 무엇을 덜어내면 좋을지를 생각해보려 한다. 육아에 하나의 정답은 존재하지 않지만 그럼에도 엄마로 사는 동안 변하지 않을 하나의 기조는, 자식을 향한 사랑만큼은 너무 비장해지지 말자는 거다. 수많은 각오와 다짐은 자식이 아닌 나를 향해 두자는 것. 그래야 나와 아이들을 동시에 지킬 수 있을 테니까. 오늘도 난 무던하고 느슨한 마음으로 아이들 앞에 선다. 뜨거운 사랑보다 단단한 믿음으로.

(vol. 150, 2023. 11-12)

아이의 책가방을 열어보지 마세요

부모가 아이의 독립을 가장 많이 응원하는 때가 있다. 아기가 두 발로 서서 한 발을 떼려고 할 때. 첫발을 내딛은 그 순간의 감격을 부모는 잊지 못한다. 누구의 도움 없이 혼자 발걸음을 떼는 그 장면을 기억하며 부모는 아이의 삶을 응원하고, 아이는 스스로 할 수 있는 것들을 하나씩 성취하면서 성장해간다. 하지만 점점 자라면서 많은 아이들이 자신감을 잃어간다. "내가 할 수 있는 것들이 왠지 줄어드는 것 같아. 실패가 두려워 시작할 수 없을지도 몰라."

박소진 _ 독일에서 거주하며 두 자녀를 키우고 있는 엄마. 어린이를 위한 글쓰기와 독서 교육과정을 개발하여 온오프라인으로 한국어를 모국어로 하는 어린이들에게 글쓰기를 가르치고 있다. 『사이, 시선의 간극』을 썼다.

"나 혼자 할 수 있어요."

독일의 공공장소 곳곳에는 어린이를 위한 사회적 배려가 눈에 띈다. 아이들을 위한 낮은 선반, 테이블, 거울 등등이다. 어른이 사용하는 물건 옆에는 같은 모양의 작은 사이즈 물건이 언제나 자리한다. 어린이를 위한 따뜻한 배려다. 여기에는 아이의 편의를 생각하는 이상의 깊은 의미가 있다. 선반이 낮다는 건 곧 아이들이 두 팔을 뻗으면 손이 닿는 곳에 스스로 할 수 있는 일이 있다는 걸 뜻한다. 손을 뻗어 성취할 수 있는 무언가가 있다는 것은 아이의 자립심, 곧 독립성을 존중하고 보장하려는 어른들의 마음을 표현한 것이기도 하다.

독일 아이들에게서 가장 자주 듣는 말은 "나 혼자서 할 수 있어요"다. 집에 아이의 친구가 놀러 왔을 때 조금 뻑뻑한 주스병 뚜껑을 돌려주려고 하자, 그 아이는 말했다. "나 혼자 할 수 있어요!" 이런 태도는 화장실을 갈 때 빛을 발한다. 유치원 아이들도 당연하게 스스로 할 수 있다고 말한다. 서툴러도 상관 없다. 볼일을 보고 나온 후 윗옷이 좀 삐져나와 있어도, 주스가 조금 흘러도, 책가방에 책을 가지런하게 넣지 못해도 괜찮다.

"숙제와 준비물은 아이들이 챙기게 하세요." 초등학교 1학년 학부모 회의에서 교사가 말했다. '아이가 내용물을 빠트리지 않게 도와주세요'가 아니라 '내버려두세요'라고 교사는 강조했다.

그러나 독일 생활 2년 차였던 당시의 나는 아이의 학교 준비물을 꼼꼼하게 챙기고, 학교에서 무엇을 배웠는지 매일 확인했다. 아이가 혹 수업 내용을 이해하지 못했을까 걱정이 되어 아이의 가방에서 책을 꺼내 펼치고는 수업 내용을 반복해서 알려줬다. 아이의 책가방에 물건을 챙겨 넣고 "수학 공책은 독일어 공책 뒤에 넣었어" "도시락은 필통 아래에 있어"라고 일러주면 아이는 알았다고, 대답만 할 뿐이었다.

어느 날부터 나는 책가방을 싸주는 것을 그만두기로 했다. 독일인 학부모와 이야기를 나누던 중 이런 말을 했다. "내가 가방 안을 볼 필요가 없어. 못 챙긴 게 있다면 그건 아이들이 알아차리게 내버려둬야 해." 독일에는 이런 말도 있다. '부모는 아이의 책가방을 열지 않는다.' 처음 이 말을 들었을 때 '왜 부모가 아이의 학교생활에 관심이 없지? 나는 꼭 신경 써줘야지!'라고 생각했는데, 어느 순간 나 또한 아이가 스스로 가방을 싸도록 믿어주고, 기다려주는 부모가 되었다.

책가방은 아이의 자립심을 상징하는 은유적 사물이다. 가방 안에는 교사가 부모님에게 전달하라고 내준 안내문, 숙제 등 아이만이 알고 있는 이야기들이 담겨 있다. 가방을 싸는 동안 아이는 학교생활을 되짚어보고 점검하게 된다. 이 과정을 아이에게 온전히 맡긴다는 것은 아이 스스로 학교생활과 수업을 꾸려갈 수 있다고 믿으며 아이가 자립할 기회를 보장하는 일이다. 첫 학부모 회의에서 교사가 강조했던 말의 의미를 다시 생각하게 된다. 아이들은 스스로 자신의 삶을 꾸릴 만한 충분한 힘이 있다는, 책가방의 은유를.

혼자 가방을 챙기던 아이는 숙제를 빼놓고 가서 선생님에게 혼이 나거나 체육 시간에 운동화를 안 가져가 친구들이 운동하는 것을 구경만 한 적도 여러 번이다. 숙제를 해가지 않으면 도장이 찍힌 종이를 가져온다. 못한 숙제를 하고 거기에 부모의 사인을 받아 가야 한다. 교사에 따라 아이가 세 번 주의를 받으면 숙제 체크 편지를 집으로 직접 보내는 경우도 있다. 이 과정을 반복하다 보면 아이는 스스로 숙제를 챙기게 된다. 처음엔 불안하고 조바심도 났지만, 결국 가방을 열어 자신이 해야 할 일을 스스로 알게 하는 힘은 아이가 실패를 경험할 기회를 줄 때만 가능했다.

자신의 목소리를 찾아가는 과정

독일의 초등학교에선 매주 학급평의회가 열린다. '학급자치회의' 정도로 번역될 이 회의는 민주적인 의사결정 과정을 훈련하는 시간이다. 학교는 물론, 방과 후 돌봄 시설에도 학급평의회 시간이 의무적으로 배치되어 있다. 이 회의에서 교사의 역할은 거의 없다. 아이들이 돌아가며 사회자, 의장, 서기, 시간 기록, 규칙 준수 체크 등등의 역할을 고루 맡고, 다른 아이들은 의회 회원이 된다.

한번은 유치원 학부모 대표로 초등학교 학급평의회를 참관할 기회를 얻었는데, 교사 역할이 거의 없어 매우 놀랐다. 마치 어른들의 토론 시간 같았다. 손을 들고, 문제를 제시하고 해결해가면서 자기들만의 토론 노하우를 익힌 듯했다. 학급평의회에서 다뤄지는 토론 주제는 '교실에 의자가 두 개 더 생겼는데 이것을 어떻게 하면 좋을까?' '짝은 어떻게 정하면 좋을까?' '창문 앞에는 무엇을 놓을까?' '축구공이 하나인데 어떻게 하면 쉬는 시간에 골고루 가지고 놀 수 있을까?' 등 어른들 눈엔 소소해 보여도 본인들에겐 너무 중요한 일들이다.

초등학교 교실 한쪽에는 의제에 대한 자신의 의견이나 자신이 토론하고 싶은 주제를 적어서 넣는 학급평의회 의견함이 있다. 붉은색 종이에는 '토론 주제', 초록색 종이에는 '일주일 동안 학급에서 마음에 들었던 것', 노란색 종이에는 '우리 반에 질문이 있어요', 그리고 파란색 종이에는 '나는 학급에 바라는 점이 있어요.'를 써서 봉투에 넣으면 된다. 네 가지 색의 의견 용지와 안건은 모든 독일 초등학교에서 공통으로 사용하고 있다. 어떤 초등학교를 졸업했든 모든 아이들은 네 가지 주제를 똑같이 경험하게 되는 셈이다.

초등학교 시절부터 반복되는 토론을 통해 아이들은 각자의 독립된 의견이 모여 커다란 조직을 움직이는 과정을 경험한다. 그렇게 아이들은 스스로 의견을 말할 수 있는 힘과 용기를 기른다. '말할 수 있는 힘'은 자립의 또 다른 이름이다. 교실에서는 갈등과 이견에 대한 의견을 자유롭게 말할 수 있을 뿐 아니라, 수업 시간에 선생님의 질문에 답하거나 자신이 궁금한 것들을 묻고 다른 친구의 질문에 의견을 보태는 것 모두가 성적과 밀접하게 연결되어 있다. '발표 점수'처럼 보이지만 꼭 그렇지는 않다. '자신의 의견 말하기'를 유치원 시절부터 매우 중요하게 생각하며, 초등학교부터는 훈련되어야 하는 필수 항목이라고 여기는 교육철학이 담긴 결과다.

학교에서 배우는 학습의 독립성

첫째가 초등학교를 졸업하고 중등학교에 입학했을 때, 일주일간 특별한 워크숍이 열렸다. '배우는 것을 배우다'라는 워크숍에서는 교사들이 각각의 과목을 어떻게 공부해야 하는지, 학교생활을 어떻게 해나가야 하는지 알려준다. 이 워크숍을 통해 아이들은 학습의 기술, 학교생활의 마음가짐을 습득할 수 있는 기회를 공평하게 얻는다.

공부 시간을 어떻게 구성하고 조절해야 하는지, 쉬는 시간은 어떻게 보내면 좋은지, 구체적으로 한 시간을 어떻게 나눠 계획하면 좋은지 등을 알려주는 워크숍에서 첫째 아이는 학습에 대한 이해와 자신감을 얻었다. 특히 감정, 심리적인 주제를 다루는 것이 인상 깊었다고 말했다. 학교라는 환경에서 자신을 어떻게 보호할 수 있는지, 소외와 따돌림에는 어떻게 대처할 수 있는지를 배웠다고 했다. 이렇게 다져진 아이의 자립심은 학습의 독립성을 보장하는 발판이 되어주었다.

중학교 때는 한 학기에 두 번 시험(평가)을 보는데, 그중 하나는 그룹 프로젝트다. 그룹별로 주제를 선택하고 그에 대한 '프레젠테이션'을 만들어 발표하고 평가를 받는 긴 과정이다. 중학생들은 오후 1시면 학교가 끝나고 이후 시간을 자율적으로 쓰는데, 대부분은 숙제를 하거나 친구 집에서 그룹 프로젝트 발표를 준비한다.

발표 수업을 위한 스피치 학원이 있을 법도 한데, 독일에는 사교육 시설이 없다. 오로지 교사가 내주는 숙제, 범위 내 복습을 우선시한다. 게다가 선행학습을 엄격하게 금지하므로 이를 위한 학원도 없다. 이유는 간단하다. 다른 곳에서 배우기 시작하면 아이들이 학교 수업을 듣지 않게 되고, 나아가 교사의 존재 이유를 잊어버리게 되기 때문이다. 한국 문화에 익숙하던 나는 학부모 회의에서 "미리 수학을 공부하면 어떨까요?"라는 질문을 했다가 교사에게 야단을 맞았다. "절대로 안 됩니다. 아이가 학교에 와서 할 것이 없어지고, 다른 아이들을 무시하게 되니까요"라는 단호한 대답이 돌아왔다.

　그래도 '학원' 비슷한 학교 밖 시설을 찾는다면, 복습 혹은 보충공부 개념의 '학습 도우미' 정도가 있는데, 이마저도 찾는 아이들이 거의 없다. 학교에서 해결이 가능하기 때문이다. 보통 아이들은 스스로 공부를 하다가 모르는 것이 있으면, 다음 날 학교에 가서 해당 과목 시간에 질문을 한다. 그러면 교사와 학급 친구들이 함께 알려 주거나 토론을 한다. 이는 발표 점수에 들어간다. 아이가 스스로 공부를 하다가 모르는 것을 찾아내고, 그것을 그냥 지나치지 않고 학교로 다시 가져와 수면 위로 올리는 것 또한 공부의 중요한 과정으로 보는 것이다. 그 모습을 보면서 '진짜 공부'는 스스로 학습할 수 있을 때 가능하다는 것을 느낀다. 학습에서도 스스로 해내는 것, 자립을 중요하게 여기는 문화를 엿볼 수 있다.

　한번은 아이가 중학교 1학년(한국 학제로는 초등학교 5학년) 독일어 시간에 '북 프레젠테이션'을 해야 했다. 인상 깊게 읽은 책에 대해 발표하기 위해 친구들과 모여 발표의 기승전결을 의논하면서 함께 준비했다. 각자의 감상을 나누고 발표에 필요한 문장을 뽑고, 포스터를 만드는 등 의견 조율 과정이 상당히 복잡한 작업이었다. 아이들은 자신이 잘하는 것을 서로에게 어필하여 자신의 발표 차례에 넣었고, 그렇게 각자의 장점이 더해진 결과물로 발표를 했다. 공동 과제이므로 서로에게 최선을 다하기 위해 발표 연습도 하고 또 했다.

옆에서 지켜보던 나는 이 모든 과정을 아이들이 온전히 스스로 한다는 것이 놀라울 뿐이었는데, 평가지를 받아보고 무릎을 탁 쳤다. 의견을 조정할 때 빛을 발하던 협력 과정이 고스란히 점수에 반영되어 있었다. 교사는 개인 성적표에 프로젝트 팀원 모두의 이름을 공동으로 써 넣었다. 아이들은 스스로 무엇을 더 보완해야 하고, 무엇을 잘하고, 어떤 것에 균형을 맞춰야 하는지 충분히 알고 있었다.

자기 의견을 표현하는 힘이 개인을 독립된 인격체로 서게 하고, 이는 다른 사람의 의견을 듣고 수용할 수 있는 토양이 된다. 이러한 협업의 경험이 성장의 발판이 되어주고 나아가 공동체의 자립을 돕는 게 아닌가 싶다.

다시 일어서게 하는 힘, "잘했어!"

독일의 모든 슈퍼마켓에는 어린이용 쇼핑 카트가 있다. 부모가 쇼핑 카트를 밀면, 아이도 옆에서 자기 키만 한 작은 쇼핑 카트를 밀고 간다. 부모가 미는 카트에 아이를 태우고 가는 한국의 마트 풍경과 사뭇 다르다. 일상적으로 아이의 자립심을 강조하는 문화는 아이가 집안일에 함께 참여하고, 스스로 학교에 갈 수 있도록 준비하는 것뿐만 아니라 정서적인 면에서도 드러난다.

아이들은 당연히 실수를 하고 좌절한다. 이때 신뢰를 경험한 아이들만이 다시 도전할 자신감을 갖는다. 우리 아이들이 유치원에 다니면서 토하거나 바지에 오줌을 쌌을 때 교사에게 가장 많이 들었던 말은 "잘했어"였다. 칭찬이 아니라 "실수할 수 있어" "괜찮아"라며 다시 도전할 기회를 주는 격려의 말이었다. "할 수 있어!" 하고 자립을 응원하는 마법 같은 말이기도 하다. 이런 말을 들으며 아이들 마음속에는 스스로를 다시 일으켜볼 용기가 생긴다.

홀로서기를 응원하는 어른들이 있고, 자신의 말과 행동에 믿음을 갖고 있는 아이들은 미래가 불안하지 않다. 누군가가 넘어지면, 옆에서 먼저 경험해본 누군가가 "괜찮아" 하며 도와줄 것이다. 의지하며 서로를 든든하고 안전하게 받쳐주는 경험을 통해 아이들은 부모 곁을 떠나 독립된 존재로서 안전한 공동체를 만들어갈 것이다. 마주하는 자기 앞의 모든 생에서.

(vol. 150, 2023. 11-12)

사랑을 잃으며 주체적인 인간이 된다

요즘 부모들의 걱정

대부분의 부모는 자녀를 대하는 바람직한 태도에 관해 잘 알고 있다. 예를 들어 자녀를 존중해야 하며, 그러기 위해선 자녀와 다정하게 대화하고 자녀를 응원하며 칭찬해야 한다는 것이다. 자명해 보이는 이 논리는 얼마나 실효성이 있을까? 아이가 '잘 성장한다'는 의미가 사회에서 일정한 역할을 수행하고, 사람들과 관계 맺고 의미를 만들며 살아가는 것이라면 이는 생각과 같은

이수련 _ 한스아동청소년상담센터 원장이자 한국라깡임상정신분석협회 협회장. 『잃어버리지 못하는 아이들』, 『엄마보다 큰 세상을 너에게 줄게』를 썼다.

결과를 도출하진 않는 것 같다. 부모가 자기를 사랑하고 응원하는 걸 알면서도 부모 말을 듣지 않고 규칙과 약속 지키기를 거부하는 아이들이 꽤 있으니까 말이다.

부모 대상 강의에서 꽤 많이 나오는 질문 중 하나는 "아이가 해야 할 일을 하거나 약속 지키는 걸 힘들어 하는데 혼을 내도, 좋은 말로 달래도 안 돼요. 언제까지 원하는 대로 하게 둬야 하는지, 그러다가 아예 아무것도 안 하는 아이가 되지는 않을지 걱정이에요"라는 내용이다.

최근 아동·청소년 임상 및 상담 사례를 보면 정신의학과에서 ADHD, 불안 혹은 공황장애, 우울증 등을 진단받은 경우가 많다. 자해나 자살 시도를 한 사례도 자주 볼 수 있다. 별다른 임상 진단은 없지만, 등교 혹은 학업을 어려워하거나 중단하는 것, 생활 규칙이나 약속을 지키지 못하는 것, 청결이나 정리정돈을 소홀히 하는 것, 외출하지 않고 집에만 있는 것, 인간관계에 관심이 없거나 어려움이 많은 것, SNS 활동과 온라인 게임, 유튜브 시청에만 몰두하는 것 등의 문제도 보인다.

물론 이런 경향은 거의 모든 사람에게 조금씩 있지만 일상생활이 어려울 정도로 심각한 사례들이 점점 더 늘어나고 있다. 저마다 이유와 양상이 다르므로 현장에서는 사례별로 신중하게 접근해야 하지만 단순화의 위험을 무릅쓰고 요약하자면, 이런 어려움을 겪고 있는 아동과 청소년들에게는 '의미'보다 '만족'이 우선

한다고 할 수 있다. 만족을 찾던 아이가 자라면서 의미를 찾는 삶으로 이행해야 하는데, 그 변화를 이루어내지 못한 것이다.

여기까지 이야기하면 "그렇지! 자기 좋은 것만 하면서 놀려고 하지 말고, 생각도 하고 공부도 하고 일도 해야지. 힘들지만 참고 견디며 살다 보면 좋은 날이 오는 거야"라며 고개를 끄덕이는 사람들이 있다. '만족'과 '의미'를 대립되는 것으로 보고 의미는 만족을 제어해서 얻는 것이라고 여기는 경우다.

물론 그런 제어가 통할 수 있다. 하지만 그렇게 만족을 뺏기고 얻은 의미는 삶을 지치게 하거나 오히려 더 무의미하게 만들기도 한다. 공부, 직업, 사회관계 등이 즐거움이 아니라 힘든 노력으로 이루어야 하는 의무로 다가오기 때문이다. 게다가 그런 제어가 통하지 않을 수도 있다. 위에서 말한 아동·청소년들처럼 어떻게 해도 만족을 포기하는 데 동의하지 않는 것이다.

정신분석학적 관점에서는 '만족'과 '의미'가 대립 구도가 되어서는 안 되며 의미 역시 만족의 연상선상에 있어야 한다고 본다. 다시 말해 의미가 만족을 뺏으면서 등장하는 게 아니라 만족과 의미 모두 '좋아하는 것'을 얻어 즐거워지는 것이어야 한다는 말이다.

만족 : 나 + 내가 좋아하는 것 = 즐거움

의미 : 나 + 내가 좋아하는 것 = 즐거움

'만족'을 찾는 삶에서 '의미'를 찾는 삶으로

위에서 언급한 부모들의 의문과 걱정은 바로 이 지점과 닿아 있다. 아이에게 부모의 사랑과 존중이 중요하지만, 그것만으로는 아이가 '만족을 찾는 삶'에서 '의미를 찾는 삶'으로 이행하기에 충분하지 않다. 아니, 오히려 어느 시기부터는 그것이 장애물로 작용한다고까지 말할 수 있다. 그렇다면 만족에서 의미로의 이행은 어떻게 가능해질까? 아이가 '좋아하는 것'으로 즐거움을 얻는 건 그대로 유지되지만, 아이의 자리(위치)와 '좋아하는 것'의 종류가 바뀌어야 한다.

만족의 차원에서 아이의 자리가 '대상object'이라면 의미의 차원에서 아이의 자리는 '주체subject'다. 또한 아이가 좋아하는 것은 '엄마 혹은 부모가 가진 것'에서 '엄마 혹은 부모가 가지지 않은 것'으로 바뀌어야 한다. 무슨 말인지 금방 이해되지 않는 이 낯선 문구는 정신분석가 자크 라캉이 사랑에 관해 한 말과 관련 있다. "사랑은 가지지 않은 것을 주는 것이다."

만족 : 나(대상) + 좋아하는 것(엄마가 가진 것)

의미 : 나(주체) + 좋아하는 것(엄마가 가지지 않은 것)

우선 만족의 차원부터 살펴보도록 하자. 아이가 태어나자마자 겪는 현실은 몸의 흥분이나 자극, 느낌의 체험이다. 그리고 그 모든 것은 엄마(엄마 역할을 하는 사람)로부터 얻게 된다. 엄마는 아이에게 젖, 품 안, 눈빛, 손길, 목소리, 옷, 이불 등 '자기가 가진 것'을 주고, 아이는 그것으로부터 만족을 얻는다.

1) 엄마가 '가진 것'을 주고 아이는 '만족'을 얻는다.

아이 + 엄마가 주는 것(대상) = 만족한 아이

그러다 엄마가 '가진 것'을 주지 않는 경우가 생긴다. 구체적으로 말하면 젖을 주는 간격이 길어지거나, 잠깐 다른 일을 보거나 다른 사람을 만나거나 할 때다. 그때 아이는 만족이 결핍되는 상황을 체험하게 된다.

2) 엄마가 '가진 것'을 주지 않아 아이가 만족을 얻지 못한다.

아이 – 엄마가 주는 것(대상) = 만족이 결핍된 아이

만족이 결핍된 아이는 필요한 걸 달라고 엄마에게 요구한다. 사실 아직 말할 줄 모르니 요구했다기보다 아이가 결핍된 몸의 상태를 생리적 작용(울음)으로 표현한 것을 엄마가 요구라고 해석해서 응답하는 것이다. 아이는 차차 울음을 이용해 엄마를 불러서 필요한 것을 얻게 된다.

3) 아이가 필요한 것(대상)을 엄마에게 요구해서 얻는다.

　결핍된 아이 → 요구하는 아이 → 응답하는 엄마 → 결핍을
　채워 만족하는 아이

여기서 아이는 엄마가 응답해야만 만족을 채울 수 있다. 아이
의 만족은 '엄마'에게 달려 있다. 이때의 아이와 엄마의 관계가
우리가 흔히 알고 있는 부모 자녀 간 사랑이다. 아이가 부르고 부
모가 응답하는 것. 아이는 부모가 원래 자기에게 줘야 하는 대상
을 주지 않았기 때문에 당당히 요구하고 응답을 기다리는 자리에
있다. 만약 부모가 응답하지 않으면 아이는 좌절해 슬퍼하거나,
달라고 계속 조르거나(떼쓰기), 자기 것을 주지 않는 부모가 부당
하다고 여겨 분노나 울분에 휩싸인다.

　대부분의 육아서와 부모 교육의 내용은 바로 이 관계에 관한
것이다. 이때 아이가 좌절하거나 분노하지 않으려면 부모가 제대
로 응답해야 한다는 것이다. 부족함 없이 다정하게 필요한 것을
제공하는 부모. 그런데 부모가 제대로 응답하려면 아이는 부모에
게 사랑받아야 한다. 다시 말해 이때의 사랑은 부모 자녀의 상호
적 사랑인데, 필요한 것을 쥐고 있는 쪽은 부모다. 아이는 요구하
고 기다리고 받아야 하는 처지라서 부모에게 잘 보여야만 한다.
부모의 칭찬은 바로 이런 아이의 입장을 고려해서 기운을 북돋아
주는 역할을 한다. "그래, 잘하고 있어. 조금 더 잘하면 좋은 일이

생길 거야. 네가 원하는 것을 가질 수 있을 거야!"

부모가 '가진 것'을 주겠다는 보상의 약속을 하든 안 하든, 칭찬은 사랑받는 아이가 되려면 어떻게 해야 하는지에 대한 부모의 바람을 드러낸다. 부모와 아이 사이의 상호적 사랑이 중요한 관계에서는 무엇을 하든 아이는 자신이 사랑받을 만한가 아닌가에 신경을 쓴다. 부모에게 사랑받으려고 녹초가 될 때까지 노력하는 아이들, 그렇게 될 수 없다고 여기고 낙담하여 포기하는 아이들, 그렇게 해야만 원하는 것을 얻을 수 있다는 현실에 불만을 품고 부모와 불화하는 아이들, 오히려 원하는 것을 얻는 것으로 사랑받고 있음을 확인하려고 계속 원하는 걸 '만족'시켜 달라고 고집부리는 아이들…. 위에서 언급했던 어려움을 겪는 아이들은 대부분 이 종류에 해당하는 사랑의 축 위에 있다. 부모가 가진 것을 얻기 위해 노력해야 하는 '부모의 대상'인 것이다.

"부모가 나를 사랑한다, 부모가 나를 본다, 부모가 내게 말한다, 부모가 내 말을 듣는다, 부모가 나를 칭찬한다, 부모가 나를 비난한다, 부모가 나를 무시한다."

이 관계의 축에서 문장의 모든 주어(주체)는 부모이고, 아이 자신은 목적어(대상)의 자리에 가 있다. 부모와의 관계를 자랑하거나 불평하거나, 부모를 사랑하거나 증오하거나. 이때 아이의 주된 관심은 '부모에게 나는 어떤 존재인가'이다. 이 관계의 축이 변하지 않으면 이후 다른 사람과의 관계에서도 그대로 이어진다.

그 사람이 나를 뭐라고 생각할까, 나한테 왜 그런 말을 했지, 나를 싫어하나, 예쁘다는 건가, 무시한 건가….

아이의 결핍을 채우는 데 필요한 것, 아이가 만족을 느끼기 위해 얻어야 하는 대상이 부모나 타인들이 가지고 있다가 주는 것이라면 아이의 자리는 늘 그들의 '대상'이 될 수밖에 없다.

부모와 아이의 분리

일반적으로 아이가 성장하려면 아이와 부모 사이에 '애착의 분리'가 필요하다고 한다. 이 분리를 위해 아이를 어린이집이나 학교, 학원 등에 보내서 친구들이랑 놀고 공부도 하게 한다. 또 어떤 부모는 성인이 되면 더 이상 지원이 없을 테니 독립해서 살 수 있게 능력을 갖추라고도 말한다.

물론 다 맞는 말이다. 하지만 여전히 '부모가 가진 것'을 요구하여 얻으려고 하는 '만족'의 차원에 있는 아이라면 이런 부모의 말들이 자기가 처한 현실과 별 관련이 없게 다가온다. 그래서 '만족의 차원'에 속한 것만 선택하여 받아들이고 그것과 관련 없는 것에는 무관심하거나 거부하거나, 왜 그래야 하는지 모르겠는데 억지로 시킨다며 분노를 표출한다.

이처럼 아이가 자신의 만족을 채우는 방식을 아직 바꾸지 않았는데 부모가 '사회에 나가서 알아서 하라'고 내보낸다면 아이는 사회에 적응하지 못하는 모습을 보이기 쉽다. 위에서 나열한 사례들처럼 말이다. 이는 부모 자녀 사이가 분리되려면 애착이 아닌 대상(좋아하는 것)이 분리되어야 하기 때문이다. 아이가 좋아하는 것(만족)을 위해 필요한 것이 '엄마(부모)가 가진 것'이 아니어야 한다는 말이다.

아이가 '이전과 다른 종류의' 좋아하는 것을 얻어서 의미를 만드는 차원으로 이행하고, 더 이상 부모나 타인의 '대상'이 아닌 '주체'가 된다면 부모가 밖에 나가서 공부하고 놀고 일하라고 하는 말, 자립해서 살아가라고 하는 말이 어떤 의미인지를 이해하고 동의하게 된다.

관건은 아이가 그 '다른 종류의 좋아하는 것'을 과연 어디에서 어떻게 찾아야 하느냐는 것이다. 분리의 시기에 부모는 여러 선택을 할 수 있다. 어떤 부모는 아이가 자기 자리를 '대상'에서 '주체'로 옮긴 후에 사회적인 관계 안에서 의미를 만들어내도록 안내하기도 하고, 아직 옮겨가지 않은 상황인데도 성급하게 해야 할 일들을 종용하기도 하고, 옮길 필요 없다고 말하면서 어차피 공부나 직업이나 사회적 역할, 인간관계 등은 모두 '만족'을 얻기 위한 수단으로 이용되는 것이라고 알려주는 선택을 하기도 한다.

시험점수 등 어떤 성과를 내야 하는 아이의 활동에 게임기 같은 선물로 보상을 약속하는 부모는 아이에게 이렇게 말하는 셈이다. "네가 좋아하는 건 이거지? 우리 돈으로 살 수 있는 상품! 네 만족의 대상은 바로 이거야." 이는 오히려 아이를 '만족'의 차원에 묶어두는 유혹이 된다.

이와 대비되는 부모의 선택이 바로 자크 라캉이 제안하는 "가지지 않은 것을 주는 것"이다. 가지지 않았다면 줄 수 없을 텐데 라캉은 가지지 않은 것을 주라고 말한다. 부모의 사랑에서 핵심은 사실 '주는 대상'이 아니라 '주는 행위' 곧 증여, 전수라는 것을 강조하는 말이다.

부모의 욕망을 배우는 아이들

그렇다면 부모가 가지지 않은 것, 부모에게 결핍된 것이란 무엇일까? 여러 가지가 있을 것이다. 살면서 진지하게 진심으로 이루고 싶은 것, 다른 사람들에게는 있는데 자기에게는 없어서 부러워하거나 자신이 초라하다고 여기는 게 아닌 것, 세상 어디에도 정확히 딱 맞는 건 없지만 꾸준히 찾아내려고 노력하게 만드는 그것. 정신분석학적 용어로는 그것을 '욕망'이라고 부른다. 내 엄마, 아빠가 사회에서 일하면서 혹은 결혼하거나 자식을 낳아 가족을 이루고 살면서 원했던 것은 무엇일까? 그것을 이루기를 내 엄마, 아빠는 아직도 열망하나? 부모님은 무엇을 재밌어 하고 좋아하고 이루려고 하나?

아이가 맛있는 걸 먹고, 몸을 움직이며 뛰어놀고, 단순한 자극의 영향으로 웃고 흥분하기를 바라기보다 넓은 경험과 감정을 공유하고, 삶의 지지대를 얻는 인간관계에 관심을 갖고, 그에 시간과 노력을 들이려면 가장 먼저 이런 질문이 생겨야 한다. 그리고 그것을 자신의 부모에게 물을 수 있어야 한다. "엄마, 아빠는 뭘 위해서 살아요? 뭘 할 때 행복해요?" "나는 어떻게 살아야 하죠?" "나는 어떤 사람이 되어야 하죠?" 그때 부모는 자기가 현재 가지고 있지 않은 것, 그것을 좇고 있거나 욕망함으로써 지금 그것을 가지지 않았음을 증명하는 무언가가 있음을 알게 해주어야 한다.

부모가 사회적으로 통용되는 좋은 직업, 좋은 품성, 좋은 지식, 좋은 경험, 좋은 인간관계 등 뚜렷한 것들을 욕망하는 모습을 보게 된다면 아이는 부모를 따라 그것을 함께 욕망하게 될 가능성이 크다. 라캉의 말대로 우리는 '타자의 욕망'을 욕망할 뿐만 아니라 "타자가 그것을 욕망하는 방식대로" 욕망하기 때문이다.

물론 아이가 어떤 방식으로 부모의 모습을 받아들일지 미리 알 수는 없다. 사람의 선택은 아주 사소한 것을 빌미로도 좌우되기 때문이다. 뚜렷한 것에 대한 부모의 욕망이 그저 남들은 가진 것을 갖지 못한 불쌍한 모습, 탐욕스러운 모습으로 아이에게 비춰지기도 한다. 그럴 때 아이는 부모가 알려준 그 욕망의 대상이나 방식에 동의하지 않을 수 있다. 하지만 아이가 부모와는 다른 대상을 선택하거나, 다른 방식을 선택하더라도 부모처럼 "내가 그것을 원한다. 내가 어떤 활동을 한다. 내가 무언가를 갖고 싶다. 내가 누군가를 본다. 내가 어떤 것을 생각한다"는 주어의 자리, 주체의 자리를 맡는다면 일단 사회적 영역 내로 들어갈 가능성이 있다고 볼 수 있다.

아이가 부모로부터 자립해서 스스로 삶을 꾸려나가려면, 자기 삶의 공간이나 활동에서 즐거움을 찾고 의미를 만들려면, 자기를 만족시킬 대상이 여전히 부모라고 여겨서 부모에게 사랑받는 훌륭한 자녀가 되어야 한다고 생각하기를 멈춰야 한다. 대신 이 세상 어딘가에, 사람들 사이 어딘가에, 학문이나 직업 세계 어딘가에 있을 '대상', 그것을 찾게 되면 만족스럽고 내가 좋아하게 될 그것, 갖고 있지 않은 상태로 그것을 욕망하는 부모로부터 물려받은 그것을 나의 '대상'으로 소유하는 '주체'가 되어야 한다. 그것이 부모로부터의 분리, 아이의 사회화, '만족'에서 '의미'로의 이행이다. 부모의 역할은 바로 이러한 이행을 도와주는 데 있다. 이를 위해 부모 역시 '아이를 사랑하는 자리'에서 '세상을 사랑하는 아이가 되기를 바라는 자리'로 이행해야 할 것이다.

(vol. 148, 2023. 7-8)

다시 일어서는 힘,
회복탄력성

피할 수 없는 것이 고통이라면

아리스토텔레스는 『니코마코스 윤리학』에서 행복 실현의 방편인 탁월성arete을 기르려면 '올바른 교육'이 필요하다고 말한다. 그가 말하는 올바른 교육이란 "어렸을 때부터 죽 마땅히 기뻐해야 할 것에 기뻐하고, 마땅히 괴로워해야 할 것에 고통을 느끼도록 가르치는" 것이다. 언뜻 고개를 주억거릴 만한 현자의 말씀을 속마음이 밀어낸다. '마땅히 괴로워해야 할 것에 고통을

장희숙 _ 《민들레》 편집장. 『재난의 시대, 교육의 방향을 묻다』, 『젠더감수성을 기르는 교육』 같은 책을 함께 썼다.

느끼도록' 길러야 한다니.

신은 우리가 감당할 수 있을 만큼의 시련을 준다지만 늘 그런 건 아니다. 어떠한 인과관계도 없이 상상하지 못할 만큼 힘든 상황에 처하는 경우도 있고, 세상에는 사람의 힘으로 어찌할 수 없는 일들도 무수히 많다. 마음이 찢어지는 아픔(얼마나 아프면 마음이 '찢어진다'고 표현할까), 하늘이 무너지는 절망, 숨이 멎을 것만 같은 괴로움…. 덜어지지 않는 고통 꾸러미를 끌어안고 하루하루 불면의 밤을 보내는 일은 그야말로 너무 고통스럽다. 그러니, 많은 부모들이 아이에게는 그런 것을 알려주고 싶어 하지 않는다. 세상에서 가장 사랑하는 존재가 고통을 겪지 않게 하고 싶은 마음은 너무나 당연하다.

하지만 인생에서 고통은 필연이라는 것이 냉혹한 현실이다. 어쩌면 인간이 세상에 날 때 가지고 오는 것 중엔 자기 몫의 고통이 있지 않을까 싶을 만큼, 쉬운 인생이 없다. 넘치면 넘치는 대로, 부족하면 부족한 대로 저마다 아프고 힘들다. 맞닥뜨리는 수많은 상황과 관계 속에서 크고 작은 충돌을 겪는다. 그 과정에서 자기의 한계를 느끼고, 한계를 넘어서려 노력하고, 넘어설 수 없는 한계를 겸허히 받아들이며 인간은 성장한다. 피할 수 없는 것이 고통이라면, 결국 그것을 '제대로 느끼기'를 배워야 한다는 아리스토텔레스의 말은 맞는 것 같다.

회복탄력성의 차이는 어디서 오는가

크기와 빈도는 다를지라도 모든 사람은 살면서 어려움을 만난다. 그런데 비슷한 상황에서 왜 누구는 극심한 고통을 느끼고, 누구는 덜 고통스러운가. 왜 누구는 상처받아 주저앉고, 누구는 그 상처를 딛고 일어서는가. 순탄치 않은 가정사를 함께 겪은 여러 형제, 자매, 남매들도 성인이 되고 난 후에 보면 똑같은 시련을 마주해온 방법이 각자 다르다.

그 차이가 회복탄력성resilience[1]에서 비롯되는 건 아닐까. 물체마다 탄성이 다르듯이 사람에 따라 역경에 대처하는 탄성이 다르다. 회복탄력성이란 마주한 어려움을 이겨내고 다시 일어서는 힘을 말한다. 다시 일어설 뿐 아니라, 한 걸음 더 성장할 수 있게 하는 힘이다. 역경과 실패를 도약의 발판으로 삼아 더 높이 뛰어오르는 '마음의 근력'이라고 할 수 있다.

회복탄력성은 미국 심리학자 에밀리 워너Emily Werner가 어려운 환경에서 자라는 아동들을 40여 년간 연구하면서 알려진 심리학 용어다. 원래 이 연구의 목적은 알코올중독이나 가정폭력 등에 노출된 아이들이 보통 아이들에 비해 사회 부적응자가 될 가능성이 높다는 가설을 증명하기 위해서였다. 그런데 연구 과정

---

1 '탄력성'이란 표현이 다양한 방식으로 해석될 수 있어 심리적 구조를 측정하기 어렵다는 비판도 있지만 사람만이 아니라 경제와 사회 분야에서도 보편적으로 쓰인다.

에서 예상과 다른 중요한 점을 발견한다. 고위험 아동 셋 중 한 명이 문제가 있는 발달 이력에도 불구하고 배려심 있고 유능하며 자신감 있는 성인으로 자랐다는 사실이다. 그녀와 동료 연구자들은 이 아이들이 처한 환경에 균형을 맞추어준 요소로 다음과 같은 것들을 든다.

- 부모에게 문제가 있는 경우 이를 대신할 대리 부모가 있다.
- 뛰어난 사회적 기술과 의사소통 기술이 있다.
- 삶이 힘들 때 다른 곳에 집중할 수 있는 창의적인 배출구가 있다.
- 미래에 대한 낙관적인 기대가 있다.
- 종교적 믿음이 있다.

하버드대에서 아동발달을 연구한 지니 킴은 회복탄력성을 좌우하는 요소로 타고난 기질, 자존감, 대인 관계, 소통 능력, 대처 능력을 손꼽는다. 타고난 기질을 제외한 나머지는 일상적인 습관으로 길러질 수 있다는 말이다. 회복탄력성의 중요한 요소로 꼽히는 '자존감'은 '자아존중감'의 다른 말이다. 사회복지학에서는 이를 '외적인 인정이나 칭찬에 의해서가 아니라 자신의 성숙한 사고와 가치에 의해 얻어지는 자기 존엄성에 대한 신뢰'라고 정의한다. 오랜 시간 존중받으며 자신이 귀한 존재임을 느끼는 것에서 시작해, 크고 작은 일들을 성취해가며 스스로를 믿게 되는 것이다. 긍정적인 경험을 거듭하면 신경회로가 더 긍정적인 변화를 향해 확장되고, 두려움과 걱정, 불안과 관련된 신경회로는 위축되는 원리다.

스트레스를 건강한 방법으로 다뤄본 경험이 반복적으로 쌓인 아이는 어떤 문제를 해결하는 데 한 가지 방법만 있다고 생각하지 않는다. 문제가 발생했을 때 그간 갈고닦아온 필살기를 써보고, 그게 효과가 없으면 또 다른 방법을 사용해본다. 사용'해본다'는 것이 중요하다. 안 되어도 괜찮다, 안 될 수도 있다는 생각으로 여러 가지 해결책을 궁구해보는 거다. 결과에 대한 부담도 덜 수 있고, 안 되었을 때 낙담도 덜할 수 있으니, 어려움을 긍정적으로 대하는 태도가 자존감의 기반이 된다.

자존감이 높은 아이에겐 소위 말하는 '근자감(근거 없는 자신감)'이 있다. 허세 같아 보이기도 하지만 근자감은 삶에 많은 도움이 된다. 자기 자신에 대한 깊은 신뢰에서 비롯되는 것이기 때문이다. 왠지 잘 해낼 수 있을 것 같은 느낌. 해보지 않았지만 하면 될 것 같은 마음, 겪어보지 않았지만 어떤 문제가 발생해도 맞서볼 수 있을 것 같은, 근거 없는 자신감. 그런 마음으로 살아간다면 매사가 걱정스럽고 두렵기보다 기대되고 기다려지지 않을까.

어떤 일에 '걱정'이 앞서는 건 생존 본능이다. 본능적으로 무서운 것, 힘든 것, 끔찍한 것을 보면 저절로 질끈 눈을 감게 된다.

안전하고 싶은, 회피 심리의 발현이다. 그러므로 '고통을 제대로 느끼도록 배우는 일'은 눈 감지 않고 그것을 직면하는 일에서 시작된다. 요즘 아이들이 '고통을 제대로 느끼기'를 배우기가 어려운 까닭은 문제를 인지하기도 전에 부모가 나서서 해결해주는 경험이 반복되어서일 것이다.

물러설 곳 없는 부모라는 자리

단단한 내면을 가진 아이, 독립적인 아이로 기르고 싶은 것은 모든 부모의 바람이다. 그런데 아이 입장에서 보면 '자신을 위해서'라는 부모의 사랑과 헌신은 다 부모의 선택이다. 낳은 것도, 자신에게 매달려 헌신적으로 산 것도. 자녀에게만 집중하는 부모를 겪어온 아이는 그 사랑과 헌신이 고마우면서도 한편 빚진 기분이 들고, 그 기대에 부응하지 못하면 죄책감에 사로잡힌다.

실제로 우울증이나 공황장애를 겪는 청소년들의 양육 환경을 살펴보면, 성장 과정에 많은 어려움이 있었던 경우도 있지만 놀랍게도 정반대의 경우가 있다. 어떠한 고통도 다루어본 적이 없어 그에 맞설 힘을 기르지 못한 것이다. 몸은 자랐는데 마음이 한없이 나약한 자신을 발견한 아이는 부모를 원망하거나, 혹은 부모에게 모든 것을 보살핌받던 어린 시절로 돌아가고 싶어 한다. 부모 입장에선 억울할 수밖에 없다. 주체적으로 키우고 싶어, 정서적 결핍 없이 키우고 싶어 큰소리 한 번 내지 않았는데 우울증, 공황장애라니. 부족해도 안 되고 넘쳐도 안 된다니. 그 넘침과 부족함의 기준은 뭐란 말인가. 아이를 기른다는 것은, 잠시라도 균형을 잃으면 넘어지는 외발자전거를 타는 일 같다.

그런 면에서 부모라는 역할은 방학도 휴가도 없는 '극한 직업'이다. 퇴근, 퇴사의 기회도 없으며(최소 20년 근속), 힘들다고 휴직할 수도 없다. 낳았으니 키우는 건 당연하다고 여기는 인식 속에서 그 노고를 누구 하나 알아주지 않는다. 아이가 무난하게 잘 성장하는 건 기본값이고, 어떤 문제라도 있을라치면 "부모가 어떻게 키운 거냐"며 사회적 질타를 받는다.

물러설 곳 없는 부모라는 자리에서 한 인간을 인간답게, 행복한 사람으로, 사회에 도움이 되는 사람으로, 최소한 사회에 해가 되지 않은 사람으로 길러내는 일은 고단하고 대단한 일이다. 그 위치에 놓였다는 이유로 어마어마한 무게를 감당하고 있으니, 그것만으로도 칭찬받아 마땅하다. 그러니, 너무 잘하려고 애쓰지 않는 것이 부모 역할을 잘하는 길일지 모른다.

50년 넘게 다양한 문화권의 양육 관습을 연구해온 미국의 부부 인류학자는 아동 발달에 미치는 부모의 영향력이 서구 사회에서 과장되어 있다고 말한다. 부모가 아이의 심리적·정신적 건강에 결정적인 영향을 미친다는 전문가 조언을 절대적으로 받아들여 양육을 무거운 짐으로 여기지 말라고, 아이는 그렇게 약하지 않으며 상당 수준의 회복탄력성을 가지고 있음을 믿고 안심하라는 것이다. 그들이 함께 쓴 『부모는 중요하지 않다』라는 책에는 '미국의 가족은 안심하고 쉬어도 된다American families should just relax'라는 부제가 붙어 있다.[2] 아이를 믿고 '마음을 놓으시라just relax'는 조언은 한국 부모들에게도 해당되는 듯하다.

아이를 믿는다는 것

아이를 믿는다는 것은 아이 곁에 있는 나를 믿는다는 말이기도 하다. '부족해도 괜찮아. 네 곁엔 내가 있으니, 넌 나를 닮아 괜찮은 사람으로 자랄 거야.' 숱한 고난을 겪으며 삶을 이어온 모든 인간의 유전자에는 회복탄력성이 있다는 사실을 떠올리며, 아이를 지키고 싶은 만큼이나 "내가 내 삶을 지켜야 하고 나로부터도 내 삶을 지켜야 한다. 이것은 결국 아이의 삶을 보호하는 일이다. 아이를 보호할 사람을 보호하는 일이므로."[3]

아이가 '마땅히 괴로워해야 할 것에 고통을 느끼며' 인생을 배워나가야 한다면, 부모인 나의 울타리 안에 있을 때 더 많은 실패와 괴로움을 경험하길 바라야 하지 않을까. 세상의 모진 풍

---

2 로버트 러바인, 세라 러바인, 『부모는 중요하지 않다』, 안준희 옮김, 눌민, 2022.
3 신형철, 『인생의 역사』, 난다, 2022, 26쪽.

파를 뒤늦게 홀로 감당하지 않도록. 그게 가장 안전하게 아이를 지키는 방법일 것이다. 아이의 삶에 함부로 개입하지 않고 필요할 때 손잡아주는 어른 곁에서, 아이도 용감하게 고통을 마주하며 단단한 사람으로 성장해갈 것이다.

(vol. 148, 2023. 7-8)

왕의 DNA를 가진 아이도
특별하지 않다

얀테의 법칙

스웨덴 출신 영화배우 알렉산더 스카스가드는 2018년 골든 글로브 남우조연상을 수상한 후 미국 CBS 토크쇼에 출연해 후기를 나눴다. "자랑 좀 했나요?" 하고 묻는 진행자가 더 신나 보였다. 당사자인 스카스가드의 태도는 좀 달랐다. 우물쭈물하더니 작은 소리로 "… 아니요"라고 답했다. 주변에서 다들 축하한다고 할 때는 어쩔 줄 몰랐다고 한다. 그는 트로피를 어째야 하

홍정인 _ 대안학교 교사. 에세이집 『페르소나, 글이 되다』, 『하루의 마지막에는 글을 쓰기로 했어』를 함께 썼다.

나 고민하다 친구 집에 맡겼고 그 후에 여행가방 안에 숨겼다가 나중에는 벽장 안에 넣어뒀다고 한다. 보란 듯이 트로피를 진열장에 세워놓는 일은 생각조차 못했다는 것이다. 신기해하는 진행자에게 그는 자신이 '스웨덴 사람'이라서 그렇다고 말했다.

그가 트로피를 들고 전전긍긍했던 이유는 북유럽인의 사고를 지배하는 '얀테의 법칙' 때문이었다. 얀테의 법칙은 1933년 덴마크계 노르웨이 작가 악셀 산데모세의 소설 『도망자, 그의 지난 발자취를 따라서 건너다』에서 시작되었다.[1] 가상의 공간 얀테 마을에서는 '잘난 사람'이 대우받지 못한다. 이에 관한 십계명이 소설에 등장하는데, 현재까지 이어져 북유럽 전반에 암묵적으로 퍼져 있다. 진짜 법률도 아니건만 마음가짐과 행동의 지침이 되어서 유럽권과 구분되는 북유럽 특유의 문화를 만드는 바탕이 된다. 특별히 따로 배우거나 하는 것도 아니다. 매우 일상적인 것이라 자라면서 자연스럽게 예의범절처럼 습득한다.

<u>얀테의 법칙</u>

1. 당신이 특별하다고 생각하지 마라.

2. 당신이 다른 사람들만큼 선하다고 생각하지 마라.

3. 당신이 다른 사람들보다 똑똑하다고 생각하지 마라.

---

1 아누 파르타넨, 『우리는 미래에 조금 먼저 도착했습니다』, 노태복 옮김, 원더박스, 2017, 349쪽.

4. 당신이 다른 사람들보다 낫다고 확신하지 마라.

5. 당신이 다른 사람들보다 많이 안다고 생각하지 마라.

6. 당신이 다른 사람들보다 중요하다고 생각하지 마라.

7. 당신이 모든 일을 잘한다고 생각하지 마라.

8. 다른 사람을 비웃지 마라.

9. 누구든 당신한테 관심을 갖는다고 생각하지 마라.

10. 다른 사람들을 가르칠 수 있다고 생각하지 마라.

첫 번째 법칙부터 강렬하다. 자신이 특별하다고 생각지 말라는 것은 자신을 싫어하라는 소리가 아니라, 자신이 남보다 낫다는 생각을 경계하라는 말이다. 누구나 나름의 강점이 있지만 그렇다 한들 그것이 우쭐거리며 자랑할 일은 아니다. 특별한 대우를 받을 일은 더욱 아니다. 누구나 성공할 수 있지만, 자신이 성공했다고 해서 남을 업신여기거나 하대하는 것은 못난 짓이다. 북유럽에서는 비싼 차를 몰면서 과시하거나 SNS에 명품 사진을 올리며 자랑하면 바보 취급을 받는다고 한다. 특별대우를 받거나 남들에게 주목받을 일이 생기면 오히려 당황하기도 한다.

누구도 특별하지 않아서, 누구나 소중하다

여기에 더해 얀테의 법칙에는 미묘한 의미가 좀 더 담겨 있다. 세계적인 상을 받고도 드러내지 않으려 애쓰는 스카스가드는 그렇다 치고, 그의 팬들은 어떤 마음이었을까. 토크쇼 영상의 댓글에는 그를 존경하면서도 특별 대우하지 않는 북유럽 사람들의 모습이 길게 나열되었다. 북유럽에서는 연예인이라고 특별대우나 혜택을 받는 일은 없으며, 동네 슈퍼마켓에서 만났다고 사인을 받으러 다가가는 일도 없다. 직업이나 돈과 명예를 그 사람과 동일시하지 않을뿐더러, 평범한 누군가가 특별한 누군가를 선망하는 일도 없다. 흔히 성공했다는 사람, 돈과 명예를 가진 사람을 대단하게 생각하지 않는다. 호들갑 떨거나 열광하지도 않고, 그냥 모두 평등하다고 여긴다. 따라서 쓸데없는 비교로 자괴감도 느끼지 않는다. 스카스가드가 트로피를 진열장에 뒀다 해도, 친구들이 그를 축하해주기야 하겠지만 우러러보거나 부러워하는 일은 없었을지 모른다.

단순히 과시하거나 튀지 말라는 의미를 넘어 얀테의 법칙을 내면화한 북유럽 사람들은 '격차가 있는 것은 문제가 있다'고 여긴다. 회사 사장과 평사원은 업무가 다를 뿐, 사장은 특별한 사람도 아니고 평사원이 올려다볼 존재도 아니다. 심지어 국왕도 그저 나라의 대표자일 뿐이다. 스카스가드가 토크쇼에서 얀테의 법칙에 관해 이야기했을 때, 진행자는 "그럼 국왕은 어떻게 살고 있냐"고 물었다. 가장 높은 위치에 있고 가진 것이 많은 국왕은 '특별'하지 않겠냐고 물은 것이다. 그는 얀테의 법칙을 내면화한 사람이라면 국왕도 마찬가지일 거라고 답했다.

"안녕하세요. 음… 제가 왕이에요…. 미안해요."

머쓱한 표정을 짓는 국왕을 연기해 보이며 객석을 박장대소하게 만들었다.

북유럽에서는 아이들에게도 "최고야" "특별해" 등의 칭찬을 하지 않는 편이라고 한다. 아이의 '특별함'을 강조하는 것이 칭찬도 아니고 기운을 북돋는 말도 아니라고 생각해서다. 특별한 사람은 없으므로 늘 겸손해야 한다고 가르친다. 더불어 '누구나 소중하다'고 생각하는 문화가 강해서 특별대우를 받거나 혹은 남들은 갖지 못한 비싼 차를 가진 사람이 바로 자신이라면, 그것 역시 옳지 않다고 여긴다. 북유럽에서 수많은 복지 정책이 사람들에게 수긍되는 것도 얀테의 법칙과 일부 관련이 있다. 이익이나 혜택을 독차지하는 사람이 있다면, 그게 자신이든 타인이든 불편한 일인 것이다.[2]

특별함을 강조하는 사회

아이가 어릴 때부터 '특별함'에 대해 이야기하는 한국 사회에서는 참 생소한 문화다. 우리 사회에서 '너는 특별한 아이야'라

2　브론테 아우렐, 『North 리얼 스칸디나비아』, 김경영 옮김, 니들북, 2019, 176쪽.

는 말은 사랑과 격려의 표현으로 여겨진다. 그런 사람들에게 '특별한 사람은 없어, 네가 특별하다고 생각하지 마' 같은 말은 폭력처럼 들릴지도 모르겠다. 아이에게 이런 말을 하는 부모가 아동 교육 프로그램에 등장한다면, 욕을 바가지로 먹으며 화제가 될 것이다. 혹은 학교에서 교사가 학생에게 그런 말을 한다면? 상당한 민원이 예상된다. 교육부 사무관인 한 학부모가 "왕의 DNA를 가진 자신의 아이를 특별히 대해 달라"며 담임에게 요구한 사례를 북유럽 사람들이 듣는다면 어떤 표정을 지을지 자못 궁금하다.

어느 학교에서 신입생을 모집하는 현수막을 크게 붙였다. 벽면을 꽉 채운 글귀는 바로 "너는 특별한 사람이야!"였다. 교육현장에서 학생의 고유성과 개별 교육과정을 강조할 때도 '특별함'에 대한 언급이 빠지지 않는다. 물론, 아이들이 자기 자신을 믿고 당당하게 걸어가길 바라는 격려와 응원의 마음이었을 테고, 특별함을 북돋아주는 것이 자존감을 높이는 데 중요하다는 생각도 한몫했을 것이다.

과연 그런 표현들이 의도대로 아이들의 교육에 긍정적인 역할을 하고 있는 것일까. 현장에서 경험하건대 아이들은 자존감과 자신감, 자만심, 혹은 그 반대의 것들을 구분하지 못하면서 혼란에 빠져 있는 것 같다. 한번은 학교에서 한 아이가 친구들과 수다를 떨다가 갑자기 서럽게 우는 바람에 내가 개입해 수습한

적이 있다. 아이와의 긴 대화 끝에 그 이유를 알게 되었다. 다른 친구들은 다들 대단하고 특별한데 자기만 유독 그렇지 않다는 생각이 몰아쳤다는 것이다.

아이들이 자라면서 이루는 작은 성취들은 실제로는 그렇게 대단하지 않을 때가 많다. 그리고 현실에서도 평범한 아이들이 대다수를 이룬다. 이럴 때 한계를 극복하며 더 나아지기를 바라는 마음에 '네가 가진 특별함을 발견하라'고 외치는 어른들이 많을 것이다. 하지만 어른들의 의도와 다르게 의미 없는 자의식 과잉으로 괴로워하는 아이들이 생각보다 많다.

자신을 특별히 여기며 거들먹거리는 것도 문제지만, 특별함을 강조하는 분위기 속에서 자신을 늘 부족한 사람으로 여기며 실패감에 힘들어하는 아이들도 있다. 무대 위에서 스포트라이트를 받지 못할 거라면 애초에 시작하지 않는 것을 선택하기도 한다. 흰 도화지 위에 얽힌 선들을 마구잡이로 그려 일부러 망쳐놓는 아이와, 아무것도 그리지 못하고 빈 종이를 내놓는 아이가 가진 두려움은 비슷한지도 모른다. 아이들의 머릿속은 실체 없이 높은 이상을 기준 삼아 지금의 자신과 비교하느라 늘 복잡하기 때문이다. 결국 그 무엇에서도 자기 존재감을 확인할 수가 없어 한없이 우울한 아이들을 자주 만난다. 그렇게 저마다 타인의 관심이 '고파서' 정작 서로를 향한 관심을 낼 여력이 없다.

우리 사회는 유독 난사람이 주목받고 인정받는 문화를 가지고 있다. 그러다 보니 일상에서도 '특별함'에 대한 욕구를 지나치게 많이 접한다. 방송에는 세계인의 관심을 받는 아이돌(우상!)이 등장해 시선을 모은다. 성공 신화를 써낸 기업가, 어릴 때부터 재능을 타고난 사람들이 부러움을 산다. 우리는 돈과 명예를 차지한 사람들의 화려한 삶을 구경하는 데 참 많은 시간을 들인다. 자기보다 우월하고 대단해 보이는 타인에게 열광하기와 실망하기 파도를 타며, 과도한 에너지를 쓴다. 특별하지 않은 자신, 초라한 자신을 발견하는 것은 시간문제다. 결국 자신을 닦달하고 괴롭히는 자는 그 누구도 아닌 나 자신이 된다. 그렇게 자신을 미워하게 된 아이들을 볼 때마다 시작이 어디일까 생각해 보게 된다.

아무것도 아니어도 괜찮아

특별함이 진로와 함께 이야기되면 불안감은 증폭된다. 비교와 경쟁이 심한 우리 사회에서 특별함은 생존과 연결될 때가 많은 것 같다. 사람마다 가지는 고유의 특별함이 아닌 '남들보다' 특별해야 한다는 것에 방점이 찍힌다. 불안감이 바탕이 되면 마냥 좋아했던 일들도 다른 의미로 다가온다. 남과 구별되는 탁월함을 갖추기 위해 혼을 불태워야만 하는 과업이 되는 것이다. 어릴 적 귀여운 종이접기 작품으로도 특별하다며 칭찬을 받은 덕에 잠시나마 자신감을 얻었던 아이들이지만, 때가 되면 비교의 잣대 위에 오르게 되고 더 높은 성과를 요구받는 일이 많다. 부모도 아이들도, 어지간한 정도로 해서는 '살아남을 수 없다'고 생각하기 때문이다.

상대적으로 비교나 경쟁이 덜할 것 같지만, 대안학교 학생들은 졸업 후에 남다른 무언가가 있지 않을까 하는 기대를 한 몸에 받는 경우가 많다. 독특하고 혁신적인 아이디어로 스타트업에 도전하든지, 하다못해 배낭 하나 달랑 메고 세계여행이라도 해야 대안학교 출신으로서 특별함이 돋보이는 것이다. 한번은 대안학교 출신 청년들이 폐가를 매입해 게스트하우스 사업을 한다는 내용의 기사를 개인 SNS에 공유한 적이 있다. 좋은 반응을 기대했던 것과 다르게 한 학생의 '화나요' 이모티콘 반응을 받았다. 대안교육 판에서 성공적인 모델로 청년 창업 사례를 자주 보여주는데, 그 안에 담긴 여러 어려움이나 꿈에 대한 강요 등은 돌아보지 못한다는 것이다. 나다움을 찾아 자기만의 길을 가는 스토리에 박수를 보내는 듯했지만, 한편으로는 일반학교의 학생들과 견주어 뒤지지 않을 특별함을 바란 것은 아닐까 하는 생각에 뜨끔했다.

대학 입시가 중심에 놓인 곳에서는 오죽할까 싶다. 얼마 전 한 청소년센터 행사에서 졸업생들 이야기가 담긴 영상이 상영되었다. 자신의 청소년기를 돌아보는 이야기들은 진솔했다. 반면에 영상 귀퉁이에 큼직하게 붙은 대학 이름과 학과명에는 한숨이 나왔다. 후배들에게 소소한 이야기를 전할 때마저도 내세울 만한 대학이 전제되어야 하는 것이었다. 대학명을 적은 현수막이든, 이를 넘어서는 진학 사례든, 우월함과 대단함을 드러낼 수 있을 때에야 교육의 결과를 증명할 수 있다는 것은 안타까운 일이다. 결국 교육의 목적과 삶에 대한 왜곡이 일어난다.

이런 우리에게 지금 필요한 것은 '모두 소중할 뿐, 누구도 특별하지 않다'는 말이 아닐까. '누구도 특별하지 않다'는 말은 존재의 무의미함을 이야기하는 것이 아니라 높고 낮음, 크고 작음을 재지 않고 본질을 볼 수 있게 하는 말이다. 성공에 집착하지 않기에 실패에 너그럽다. 권력을 갖는 것이 중요하지 않으므로 권력 앞에 당당하다. 타인의 유명세나 권위에 맞춰 태도가 달라질 일도 없다. 특별한 존재가 되는 것이 의미 없으므로 아무것도 아니어도 자유롭고 평온하다.

"아침에 일어나서 먼저 이불을 개고요. 커피를 한잔 마시고 산책해요. 가끔 밀가루 반죽을 해서 빵을 좀 굽고…." 학부모들을 대상으로 대안학교 졸업생의 이야기를 듣는 자리에서 나온 말이다. 특별한 무언가를 기대했던 사람들이 '그게 뭐야?'하는 듯한 표정을 숨기지 못했다. 하지만 그의 이야기는 매번 대단한 사례들을 내놓고 여러 사람 기를 죽이는 방식과는 달랐다. 담담하게 내놓은 일상이 퍽 괜찮은 느낌이었다. 나만의 특별한 삶이란 어떤 것일까. 도드라지는 무엇이 되지 않아도 자기 존재를 스스로 확인하는 삶, 타인의 칭찬과 관심이 없어도 평온하고 단단하게 꾸려지는 일상, 그런 것이 바로 고유함이 살아나는 삶일 것이다. 모두 특별한 존재가 되길 바라는 세상에서 '누구도 특별하지 않다'는 말을 통해 아이들에게 전해야 할 메시지는 바로 이것이 아닐까.

(vol. 150, 2023. 11-12)

어른이 된다는 것

"눈물은 자기 손등으로 닦게 해야 합니다."

자식이 눈물을 흘리면 많은 부모들이 아이의 뺨을 타고 흐르는 눈물을 닦아주고 싶어 한다. 두 자녀를 프랑스 국무장관과 하원의원으로 길러낸 오영석 전 프랑스 국립응용과학원 교수는 단호하게 말한다.

"자식의 눈에서 눈물이 흐르면 자기 손등으로 닦게 해야 합니다."

현병호 _《민들레》발행인. 지은 책으로는『스스로 서서 서로를 살리는 교육』,『반지성주의보』가 있고,『대안교육 20년을 말하다』외 여러 권을 함께 썼다. 옮긴 책으로는『지구에서 마지막까지 살아남은 사람』,『소통하는 신체』(공역) 등이 있다.

그의 책[1]을 출판사가 '자녀를 엘리트로 키우는 육아법'으로 홍보하면서 저자가 말하고자 하는 '아이를 어른으로 성장시키는 부모의 역할'에 대한 중요한 메시지를 희석시키고 말았다. 엘리트가 곧 어른은 아니다. 엘리트가 되는 것보다 어른다운 어른이 되는 것이 개인을 위해서나 사회를 위해서나 더 중요하다. 교육은 아이를 똑똑한 아이로 만드는 것이 아니라 어른으로 성장할 수 있게 돕는 일이다.

눈물을 아이 스스로 닦게 한다는 말에는 여러 의미가 함의되어 있다. "그만 울고 빨리 눈물 닦아!" 하고 우는 아이를 단호하게 훈육하라는 말이 아니라, 아이가 성장하는 데는 눈물이 필요하다는 것, 그것이 실패와 좌절의 눈물이든 억울함 또는 분노의 눈물이든 부정적 감정을 스스로 감당할 수 있어야 한다는 의미다. 그런데 부모가 지켜보는 상황에서 눈물을 자기 손등으로 훔치는 것과 아무도 모르게, 심지어 저 자신도 모르게 눈물을 훔치는 것은 다르다. 아이가 눈물을 흘리는지 어떤지 부모는 아예 모르는 것이 더 나을 수 있다. 성장하기 위해 눈물 젖은 빵까지 먹어봐야만 하는 건 아니겠지만, 남 몰래 흐르는 눈물을 추스리며 아이들은 어른이 되어간다.

먹고살기 힘든 사회에서는 부모가 아이의 성장통을 지켜볼

---

1 오영석, 『어떻게 자녀를 글로벌 인재로 키웠는가』, 교학도서, 2019.

여유가 없다. 덕분에 아이는 어른의 눈 밖에서 자란다. 그런 사회에서 아이들은 빨리 어른이 된다. 좋은 일만은 아니다. 아이다운 시절을 제대로 누리지 못하고 '애어른'이 되기도 한다. 반면, 아이의 일거수일투족을 지켜보는 부모 밑에서는 아이가 제대로 성장하지 못하고 '어른아이'가 된다. 한 나라의 흥망성쇠는 '어른 같은 아이들'의 시대에서 '아이 같은 어른'들의 시대로 한 사이클을 이루며 쇠락하는지도 모른다.

요즘 부모들은 아이들의 삶에 점점 깊이 개입하고 있다. 심지어 친구를 만들어주기도 한다. 집안 배경 등을 고려해 적절한 배우자를 맺어주는 중매쟁이처럼 친구를 짝지워주는 것이다. 다른 점은 아이가 그 사실을 모르게 한다는 점이다. 자연스럽게 만나는 자리를 만들어 부모가 선호하는 친구들과 어울리게 하는 전략이다. 일거수일투족이 부모의 관리와 통제 속에 있는 이 아이들은 어찌 보면 영화 〈트루먼쇼〉의 트루먼 신세와 비슷하다. 학교와 학원뿐만 아니라 자신의 인간관계까지도 부모의 기획이었음을 알게 된다면 트루먼이 느꼈던 것과 비슷한 충격을 받지 않을까?

'기획된' 우정이 진짜 우정으로 발전할 가능성이 아주 없진 않겠지만, 비슷한 환경의 친구들끼리만 어울리는 것은 아이의 성장에 그다지 도움이 되지 않는다. 교육생태계 역시 다양성이 중요하다. 중산층이 늘어나고 선진국이 될수록 아이들은 보호

받으며 자라게 된다. 부모의 과보호와 부족함 없는 환경이 아이들의 성장에는 오히려 해가 될 때가 많다. 그래서 어떤 이들은 일부러 '결핍 육아'를 실행하기도 한다.

공주와 왕자를 기르는 사회

미성숙한 성인이 늘어나고 어른 되기가 점점 어려워지는 시대의 배경에는 평균수명이 늘고 일자리는 줄어들면서 경제활동 시기가 늦어지는 세계적 흐름이 있다. 사무 자동화와 로봇 기술은 사람들의 단순 일감을 빼앗아가고, 인공지능 기술은 화이트칼라 일자리도 위협하고 있다. 경제적 독립이 늦추어지면서 법적으로는 성인이지만 사회적으로는 성인으로 대우받지 못하는 청년들이 늘어난다. 취업을 해도 힘든 고비를 넘기지 못하고 쉽게 일을 그만두는 젊은이들도 적지 않다.

한편 많은 부모들이 성인이 된 자녀를 품에서 떠나보내지 못하고 애면글면한다. 자녀가 다니는 회사에 전화해 애가 지각할 테니 양해해 달라는 엄마, 자녀를 갈구는 상사를 찾아가 응징하는 아빠도 있다. 자녀 수가 줄고 경제적 여유가 생겨나면서 부모가 자녀에게 과몰입하며 나타나는 현상이다. 자녀로부터 독립하지 못하는 부모들이 늘어나는 한편 부모 품에서 벗어나려 하지 않는 캥거루족도 늘어난다.

당근마켓의 동네생활 게시판에는 소소한 도움을 요청하는 글이 곧잘 뜬다. "냉장고에 상한 음식이 몇 개 있는데 버리고 통을 씻어주시면 만 원 드릴게요" 같은, 주로 혼자 사는 젊은이들이 올린 것들이다. 냉장고를 정리하고 음식물 쓰레기를 치우는 일 같은 것은 일상을 유지하려면 반드시 해야 하는 일이지만 자라면서 걸레 한번 빨아본 적 없는 젊은이들은 이런 소소한 궂은 일을 부담스러워한다.

왕자와 공주로 자란 아이들은 대체로 공부 말고는 할 줄 아는 것이 없는데 반해 자기평가는 높다. 하지만 학교나 사회는 객관적 기준에 따라 냉정하게 평가를 내린다. 자기평가와 사회적 평가 사이의 갭을 메우는 손쉬운 방법은 남 탓, 사회 탓을 하는 것이다. 일찍이 '어른 없는 사회'가 되어가는 일본 사회에 대한 우치다 타츠루의 염려는 오늘날 한국 사회에도 해당한다. 아이 같은 어른들이 늘어나면서 사회는 활력을 잃고 위기 상황에 적절히 대처하지 못하며 기능부전에 빠져든다.

방 청소나 설거지 같은 일상적인 일을 해본 아이와 그렇지 않은 아이는 행동에서 미묘한 차이를 보인다. 일머리가 있는 아이는 일상적으로 일을 해본 아이다. 물론 공주는 일머리가 없어도 살아가는 데 별문제가 없을 것이다. 아이들이 손에 물이나 기름을 묻히지 않고 살기를 바라는 부모는 일머리 있는 무수리보다 일머리 없는 공주가 되기를 바란다. 그렇게 평생 공주와 왕자로 살 수 있으면 다행이겠지만 인생이 어디 그런가. 성인이 되어 부모로부터 독립한 뒤 외식업체와 가사도우미의 도움을 받으며 그럭저럭 살 수도 있겠지만 아이를 기르는 일까지 외주로 해결하기는 쉽지 않다. 아이 같은 부모 밑에서 아이가 제대로 성장하기란 어렵다.

"세상을 탓하기 전에 방부터 정리하라"면서 인생의 무게를 기꺼이 감당하라는 메시지를 전하는 조던 피터슨을 정신적 아버지로 여기며 한국의 젊은이들에게 소개하는 유튜브 채널(유튜브 읽어주는 남자)이 있다. 피터슨의 강의를 해설해주거나 6백 쪽이 넘는 책의 핵심 메시지를 챕터별로 뽑아 알아듣기 쉽게 설명한다. 피터슨의 말에 귀를 기울이는 젊은이들이 몇 십만 명이나 된다는 사실이 놀랍기도 하지만, 요즘 많은 젊은이들이 책 한 권의 무게도 스스로 감당하기 힘들어한다는 사실 또한 놀랍다. 인생의 무게를 기꺼이 감당하라는 메시지도 이유식으로 만들어 떠먹여주는 시대가 되었다.

세월이 흐르면서 세대는 점점 열화되고 사회도 쇠락해간다. 지난 반세기 동안 일본 사회가 밟아온 길이고 지금 우리 사회가 뒤따라가고 있는 길이다. 우치다 선생은 모두가 어른일 필요는 없고 대략 열다섯 중 한 명꼴로 어른 노릇을 할 수 있으면 공동체는 그럭저럭 유지될 수 있다고 말한다. 눈이 왔을 때 모두가 나와서 골목길 눈을 치울 필요는 없고 네댓 집 중 한 집에서 누군가 나와 치우면 된다. 그래도 한 가정이 제대로 돌아가려면 집 집마다 어른이 한 사람은 있어야 하지 않을까. 마을 일까지 챙기는 어른이 아니어도 적어도 집안일은 척척 할 수 있는 어른이 있어야 아이들도 보고 배우게 된다.

아이 같은 어른, 어른스러운 어른

오늘날 우리 사회에서 MZ 세대는 기성 세대를 혐오하고 기성 세대는 MZ 세대를 보며 혀를 찬다. 세대가 서로를 폄하하고 외면하게 되면 배움과 성장이 일어나지 못하고 사회는 퇴행하기 마련이다.

이는 물론 어른들의 잘못이다. 꼰대질이 몸에 밴 어른들은 외면당하고, 꼰대로 비칠까 봐 두려운 어른들은 아이들과 친구처럼 지내려 애를 쓴다. 하지만 언제나 친구 같기만 한 부모나 교사 옆에서는 아이가 잘 성장하지 못한다. 아이들은 어른스러운 어른을 보면서 어른이 된다는 것이 어떤 것인지를 깨닫고 그런 어른이 되고 싶은 바람을 품게 된다. 그렇게 좋아하는 어른을 닮으려 애를 쓰거나 싫은 어른을 반면교사로 삼기도 하며 어른으로 자란다.

미국 PBS에서 30년 넘게 방영된 어린이 프로그램 〈로저스 아저씨네 동네〉 진행자 프레드 로저스는 좋은 어른이 미치는 선한 영향력을 잘 보여준다.[2] 분노 같은 부정적 감정을 어떻게 스스로 해소할 수 있는지도 알려주고, 부모의 이혼이나 가까운 이들의 죽음 같은 주제를 아이들 눈높이에서 다루면서 인생의 무게를 감당하는 법을 가르쳐준다. 그것이 무엇이든 그에 대해 이야기를 나눌 수 있으면 감당할 수 있게 된다면서. 아이 흉내 내는 어른이 아니라 진짜 어른의 모습을 보여준 로저스는 가족과 잘 지내고 좋은 이웃이 되는 일의 가치를 아이들에게 조근조근 전함으로써 다인종 사회인 미국을 하나의 공동체로 결속시키는 데 적지 않은 영향력을 끼쳤다.

아이들이 성장하기 힘든 시대는 어른이 어른 노릇 하기를 마다하는 시대이기도 하다. 동안童顔을 예찬하는 '안티에이징' 화장품 광고는 나이를 적으로 간주하며 다들 '주름과의 전쟁'에 나서도록 부추긴다. 젊은이들은 어려 보이려 하고, 나이 든 이들은 젊어 보이려 한다. 주름이 없다는 것은 평평하다는 뜻이고, 이는 곧 인생의 굴곡을 모른다는 의미이기도 하다. 굴곡 없는 인생도 나쁘진 않겠지만 그 삶에는 깊이도 없을 것이다.

아이 같은 어른들이 늘어나는 것은 우리 사회가 그만큼 안전하다는 뜻이기도 하다. 좋은 면과 나쁜 면이 같이 있다. 지금은

---

2 로저스를 인터뷰한 《에스콰이어》 잡지 기사를 토대로 2019년 톰 행크스 주연의 영화 〈A Beautiful Day in the Neighborhood〉가 만들어졌다. 지하철에서 로저스를 발견한 아이들 한 무리와 어른들이 프로그램 주제가를 합창하는 장면이 인상적이다.

과거 어느 시기보다 풍족하고 상대적으로 평화로운 시대이지만 아이들의 성장에는 적신호가 켜진 상태다. 위기가 잠복해 있다. 이 아이들이 미성숙한 성인으로 자란다면 그들이 꾸려나갈 사회 또한 위태로울 것이기 때문이다.

교육을 통해 세상을 더 좋게 만드는 데 힘을 보태고 싶었지만 이제는 둑의 구멍을 메우는 일도 쉽지 않음을 깨닫는다. 아마 세상은 점점 나빠지기가 쉬울 것이다. 교육이 그 속도를 늦추는 데 도움이 될 수 있다면 다행이다. 거대한 시대 흐름을 바꾸기는 힘들지만, 아이들을 만나는 어른들이 저마다의 자리에서 그들의 성장을 도울 수는 있다. 우치다 선생이 합기도 도장 겸 공부공동체를 연 것처럼 시류에 휩쓸리지 않는 거점 공간을 만드는 것도 하나의 작은 실천일 것이다. "발아래 유리조각을 줍는"[3] 마음으로 하루하루를 살아내는 것이 오늘을 사는 어른들의 자세가 아닐까.

(vol. 148, 2023. 7-8)

---

3 우치다 타츠루, 『어른 없는 사회』, 김경옥 옮김, 민들레, 2016, 11쪽.

교육을 다른 눈으로 보게 하는 책들

아이는 당신과 함께 자란다 이철국 씀 | 12,000원
흔들리는 부모와 교사들에게 한 교육자가 들려주는 이야기. 공립학교, 특성화학교, 공동육아어린이집, 초중등 대안학교 등 다양한 교육 현장에서 40년을 보낸 저자가 아이와 교육에 대해 몸으로 터득한 평생의 지혜를 조곤조곤 풀어낸다. 흔들리지 않는 지혜가 아니라 흔들림과 함께 살아가는 지혜를.

변방의 아이들 성태숙 씀 | 14,000원
서울 구로동에 자리한 파랑새나눔터지역아동센터에서 이십여 년 동안 아이들을 만나온 저자가, 어디에도 마음 붙일 곳 없는 아이들을 보듬으며 온몸으로 써내려간 기록. 마을이 아이를 키운다는 것이 도시에서도 가능함을 보여주는 이 이야기는 아이들을 만나는 모든 이들에게 깊은 울림을 전해준다.

두려움과 배움은 함께 춤출 수 없다 크리스 메르코글리아노 씀 | 공양희 옮김 | 13,000원
마을 속 학교인 알바니 프리스쿨에서 40여 년 동안 아이들을 만나온 저자는 아이들이 어떻게 성장하는지, 어른들은 어떤 도움을 줄 수 있는지 생생한 일화를 통해 흥미진진하게 들려준다. 두려움에 짓눌리지 않고 자기를 창조할 수 있는 힘을 어떻게 기를 수 있는지, 진정한 배움의 공동체는 어떻게 가능한지를 이야기한다.

마을육아 권연순 외 10인 씀 | 14,000원
도시에서 독박육아로 힘들어하는 부모들에게 대안을 제시한다. 아이 때문에 고립되는 것이 아니라, 아이 덕분에 좋은 친구와 이웃들을 만나 삶이 더 풍요로워진 사람들의 생생한 경험담이 담겨 있다. 도시를 떠나지 않고도 대안을 찾은 이들의 이야기를 통해 육아의 대안을 넘어 삶의 대안까지도 엿볼 수 있다.

경쟁에 반대한다 알피 콘 씀 | 이영노 옮김 | 17,000원
경쟁이 패자는 물론 승자에게도 해롭다는 것, 생산성에도 오히려 나쁜 영향을 미친다는 걸 다양한 사례와 연구를 통해 증명한다. 특히 학교에서 아이들을 경쟁시키는 성적등급제도, 포상제도들이 아이들을 어떻게 망치는지에 대해 다시 한 번 성찰할 기회를 준다. 그리고 학교에서 벌어지는 구조적인 경쟁의 대안으로서 협력학습을 제안한다.

스스로 서서 서로를 살리는 교육   현병호 씀 | 13,000원

초연결사회가 될 미래사회에서 가장 중요한 역량은 소통 능력일 것이다. 이 책은 교사와 학생의 사이, 학생들의 사이, 세상과 아이들의 사이에서 활발한 상호작용이 일어날 수 있는 교육환경을 만드는 방안을 이야기한다. 그리고 표준화 교육을 넘어서 개별화 교육을 지향할 때 놓쳐서는 안 되는 지점을 짚는다.

아이들을 망친다는 말에 겁먹지 마세요   알피 콘 씀 | 오필선 옮김 | 15,000원

젊어 고생은 사서도 한다? 실패는 성공의 어머니? 이런 격언 뒤에 숨은 보수적인 교육관과 아이를 길들이고 통제하려는 의도를 파헤친다. 흔히 너그러운 양육 방식이 아이들을 버릇없고 나약하게 만들어 험한 세상에 적응하지 못하게 만든다는 주장을 비판하며 훈육을 부추기는 육아서와 근성을 강조하는 자기계발서의 허구를 파헤친다.

건강 신드롬   칼 세데르스트룀 외 씀 | 조응주 옮김 | 12,000원

현대 문명 사회에서 일반화되어 있는 웰니스 현상이 어떻게 하나의 이데올로기가 되어 사람들로 하여금 자신을 상품성 높은 존재로 만들어 가도록 부추기는지 다양한 관점에서 분석한다. 병든 세상에서 홀로 건강과 행복을 추구하는 세태의 어리석음을 우회적으로 비판하면서 삶의 진면목을 마주할 수 있도록 돕는다.

이 아이들이 정말 ADHD일까   김경림 씀 | 14,000원

ADHD는 개인의 주의력 결핍, 과잉행동의 문제가 아니라 우리 사회의 인간에 대한 이해 결핍, 과잉 불안이 빚어낸 문제임을 밝힌다. 약물치료를 하지 않고 아이가 어떻게 안정감을 회복할 수 있는지 자신의 경험을 통해 생생하게 들려주는 이 책은 교사나 의사의 입장과 부모의 입장이 어떻게 다른지, 왜 달라야만 하는지를 말해준다.

하류지향   우치다 타츠루 씀 | 김경옥 옮김 | 14,000원

배움을 흥정하는 아이들, 성장을 거부하는 세대에 대한 깊은 통찰을 담고 있다. 아이들이 공부와 일로부터 도피하는 현상을 분석하며 글로벌 자본주의가 부추기는 개성을 살리는 교육의 이면과 자기 찾기라는 이데올로기에 숨어 있는 함정을 들여다보게 하고 진보주의 교육이 추구하는 가치들을 되짚어보게 한다.

스스로 서서 서로를 살리는 교육을 여는 계간 《민들레》를 만나보세요

정기구독 신청

교육=학교교육이라는 통념을 깨고

삶이 곧 배움이 되는 새로운
교육문화를 만들어갑니다.
가르침과 배움의 경계를 허물고
함께 배우고 성장하고자 하는
이들이 손을 잡을 수 있게 돕습니다.
자기가 선 곳에서 교육을 바꾸어가는
부모와 교사, 학생들이
전국 70여 군데에서 활발히
독자모임을 이어가고 있습니다.

교사라는 울타리를 넘어

계간 《민들레》는 '교사의 시선'에
머물러 있던 저에게 부모와 육아,
대안학교와 청년들의 문제까지
넘나들며 여러 사람들의 관점을
연결해주었습니다. 그리고
희망이라곤 찾을 수 없었던
'교육' 속에 생기를 불어넣으며
새로운 싹을 틔우는
사람들 소식을 전해주었습니다.
우리는 누군가에게 닿아야 살아갈 수
있습니다. 삶의 기척을 알아채고
서로에게 기대면서 말이지요. 저는
그 벗으로 『민들레』를 선택했습니다.

_ 전 초등학교 교사 양영희

구독 안내

낱권 16,500원
일 년 구독료 66,000원

10명 이상 함께 신청하시면
구독료를 10% 할인해 드립니다.

정기구독을 하시면 민들레에서 펴낸 책
구입 시 10% 할인해 드립니다.

민들레 02) 322-1603 | www.mindle.org
mindle1603@gmail.com